ちくま学芸文庫

文章心得帖

鶴見俊輔

筑摩書房

目次

文章心得帖

まえがき

この本は、昨年（一九七九年）三月から四月にかけて三度ほど現代風俗研究会の文章教室で話した時の記録である。

本文でも言っていることだが、私は、名文家ではない。ただ、良い文章を書くようになりたいという理想を、この文章教室に来た人たちと共有している。そういうひととりとして、自分の問題とのとりくみかたを、ここで述べた。

私なりのとりくみかたの特色はどこにあるかを、あえて自分で言ってしまえば、日本語と日本語でないものとが、おたがいにぶつかりあい、助けあって、私の書く日本語の文体の理想をつくってゆくことにある。

私は十五歳のはじめから十九歳のおわりまで米国ですごしたので、とくに書き言葉について、頭の中で一度、日本語から英語にかわった。日本で満二十歳から再出発した時には、日本語の本を速く読む必要があると、英語でメモをつくってゆく他なかった。論文を書きはじめた時にも、発想は英語からあり、概要は英語でメモをつくるところからはじめた。その後三十年日本をはなれなかったので、自分の中の英語はうすれたが、それでも、本の題をつける時には、英語から考えるほうが自然だ。

そういうなりゆきのなかで、言葉の勉強について無駄をしたと思う。こどもの時に、世界で一番本を読んだ人になりたいという機械的な理想をたてて、漫画の本でも何でもよい、とにかく本屋で立ち読みしてでも、一日に四冊以上の本を読まなくてはねむらない日をおくった。そのころからつくりはじめた書き抜き帳で身につけた美文のリズムが、自分の中では完全に失われてしまったことは浪費だった。高山樗牛の『わが袖の記』、『滝口入道』、徳冨蘆花の『自然と人生』など、小学生の私にとってまさにこれこそが名文と思えて暗誦できたものは、生田春月の『霊魂の秋』や『春月小曲集』などの詩とともに、記憶としても、すっかり消えてしまった。中学生のころからの『唐詩選』や『史記列伝』から書き抜いたたくさんのノートも、自分の内部に、文体としては何ものこしていないと言ってよい。漢字で書けないものが今おどろくほどたくさんあるのも、十五歳からの四年間に漢字を書かない暮らしをしていた結果である。

そんなふうにして、文体の模範を一度見失ってしまった。そのかわりに、どういうふうに日本語の文章を書いたらよいかわからず、困った時には、松葉杖のように英語の助けを借りて日本語にもどる。そういう不器用な文体を、自分のものとして、とにかく歩きつづけるという流儀になった。その流儀そのものから、こどものころといくらかちがう理想がそだった。そういう理想と、その理想からの逸脱とを、自分の前に、また他の人びとの前に、おいてみたい。

今、五十七歳のにぶくなった感受性にとって、日本語が英語を助け、英語が日本語を助ける局面のほうが、たがいにぶつかりあってなぐりあう局面よりも大きく感じられる。それは米国人のように英語を書こうという理想にしばられなくなったためでもあるし、日本の名文家のように日本語を書こうという理想にしばられなくなったためでもある。人間のもっているさまざまの表現手段を、つぎはぎしていろいろに使って、自分の言いたいことを言おうというところに気分がおちついたせいだ。

それが、ただひとつの文章の理想だと考えてはいない。ただ、そういう文章の理想をたてることもできるし、そう言ってみると、私の他にも、力づけられる人もいるかもしれないと思う。

この文章教室は、私にとっては悪戦苦闘の記録であり、これをつくるについて、教頭役の宇野久夫氏、記録係の背戸逸夫氏、出版役の竹尾修氏の御世話になった。御同役の桑原武夫、橋本峰雄、多田道太郎の三氏の存在が、私にとって緊張をしいるはたらきをして、この話のスタイルに影響をあたえていることはたしかだ。

一九八〇年三月二日

鶴見俊輔

一　文章を書くための第一歩

紋切型の言葉について

ひとの文章を書き抜く

私は原稿を書いて暮らすようになってから、もう三十三年になります。三十三年前には、頼まれた原稿の二倍は書いた。それをあとで削るのです。初めのうちは削るのが大変だったけれど、近ごろは頼まれた予定枚数より、ちょっと短くあがるようになってきました。

私にはどういう文章を書けばいいかという規格品のイメージがありませんので、これはうまい文章だと思うものをノートに書き抜く。小さいときからつくってきた、そういうノートが百冊以上になると思います。

たとえば、どういう文章が好きかというと、こういうのが書いてある。『徒然草』

の一節です。「存命の悦び、日々に楽しまざらんや」。ほかには、武田泰淳の文章のなかにあった「私は人間のあさましさこそ最も愛すべき人類の性格だと思っている」。こういう文章が今つくっているノートに書きこんである。

全体として考えてみて、この人の文章がうまいと私が思っているのは、花田清輝、竹内好、梅棹忠夫。私より若い人でいえば山田慶児、多田道太郎の文章には感心します。感心すると、その人の文章に似てくるかというと、そういうことはない。私は書き抜き帳をつくって、十二歳くらいから始めてますので、ほとんど四十五年間になります。にもかかわらず、私の書き抜いた文章に似てこないのでは、他人のうまいと思う文章を書き抜くことは意味がないんじゃないか、と思われるかもしれませんが、こういう作業は意味のあることだと思うんです。

どういう役に立っているかといえば、一つには、自分の文章はまずいなという感じを保つことができる。うまい文章と自分の文章とのちがいですね。もう一つは、自分の文章をほうりだしたときに、自分の文章を別のものとして見る目ができる。四十五年間やってきた書き抜き帳の作業は、自分の書いた文章をもう少し形を整えようとするとき、役に立っていると思う。ですから、こういう文章はうまいなあ、と思うのは、その文章と自分とがどれほど離れていても、何かの役に立っているはずです。

私にとっては、花田清輝、竹内好、梅棹忠夫、山田慶児といった人たちの文章は、自分の陥りやすい紋切型をつきくずす助けになる。

紋切型の言葉をつきくずす

文章を書く上で大事なことは、まず、余計なことをいわない、ということ。次に、紋切型の言葉をつきくずすことだと思う。ただ、紋切型の言葉をつきくずす、ということにもいくらか制限を加えなくてはならない。というのは、人間が言葉をおぼえるときには、きまりきった言葉の型をおぼえる。たとえば、「ありがとう」「おはよう」、子供が最初に言う言葉に「マンマ」というのがあります。それらはみんな紋切型の言葉です。

しかし、一歳、二歳の子供が紋切型の言葉を使うときには、躍動があって、自由な生命の動きというものがある。だから、テレビとか映画を見ていても、赤ン坊がでれば、どんな名優だって完全にくわれてしまう。一つ一つのきまりきった言葉の言い方が、きまりきっていない。

これは、老人になって力が衰えてくると、もう一度でてくると思う。だから、能狂言、謡というものでは、紋切型の言葉をどういうふうにして、ふさわしく言うかが大切です。自分の力はどんどん落ちてきて、よろけ気味になってくる。発音も不明晰になる。衰えていって、最後は消えてなくなるんだけれども、よろめきながら紋切型を言うのには、赤ン坊が言うのといくらか似ていて、ちがう味わいがある。その段階では紋切型を言うことは、表現の重要な道筋になっている。

ですから、人生の始まりと終わりの段階でもう一度言葉を紋切型として言うことは、重要な表現になっていくということがあると思う。

しかし、ここでは、その中間の段階にある大人の普通の文章を書こうとするのですから、紋切型とたたかうということが、一つの重要な目標になります。私は自分が名文家として皆さんの前に立っているわけではなく、もっといい文章を書こうという理想をもっているものです。ですから皆さんと理想を共有することができる。毎日、文章を書いて暮らしを立てているわけですが、なにか、泥沼のなかで殴り合いをしているという感じです。紋切型の言葉と格闘してしばしば負け、あるときには組み伏せることができ、あるときには逃げる、といったように、紋切型との殴り合いに終始している。その問題をおたがいに自分の前に置いてみましょう。その問題を前に置かなければ、文章はなかなかうまくならないと思う。このことを前提にしてこれからの話を続けたいと思います。

三つの条件

私にとって文章の理想というのはどういうのか、いま自分のいるところから見て、まともな文章というのはどういうところにあるか、その方向を考えてみますと、三つの方向があると思う。

第一は誠実さ

紋切型の言葉に乗ってスイスイ物を言わないこと。つまり、他人の声をもってしゃべるんじゃなくて、自分の肉声で普通にしゃべるように文章を書くことです。人のつくったある程度気の利いた言いまわしを避けることですね。普通の光らない言葉、みんなの共通語を主に使って、これというところについては、その普通の言葉を自分流に新しく使うこと。それが自分の状況にかなう言葉なんですね。

十二、三年前、まだ大学にいましたころ、学生の卒業論文二十編くらいのうち、少なくとも五編以上に、文章の始まりのところが「戦後強くなったのは女と靴下である」とあるんでびっくりしたことがあります。ほかの教師にも聞いたら、同じようなのがあったそうです。ですから、百人の生徒のうち三十人くらいの生徒が、これをマクラに使っていたことになる。

これこそ紋切型です。女が強くなったというのは、一つの紋切型の思想であり言い方ですね。ほんとうにそうかどうか疑わしい。と同時に「靴下」というたとえを使って、気の利いた言いまわしだと思っている。それが卒業論文の初めに出てくると、ゲンナリします。教師にあたえるそういう効果を計算に入れることができない。こういう卒業論文を書いた人は、いい文体をもっていたとはいえない。

起きる、眠る、食べる、歩く、これは普通の言葉であり、共通語です。紋切型以上の紋切型の言葉です。どうしても避けられない言葉で、それを避ける必要はない。紋切型を避けるというのは、「戦後強くなったのは女と靴下である」という程度の紋切型を避けるべきだということです。むしろ「歩く」とか「眠る」とか、紋切型中の紋切型のなかに進んでいけば、おのずから活路もでてきます。そういう自分が生まれた時から聞いてきた言葉、ずっと使い慣れてきた言葉で書いてゆけば、自分の肉声をそれに乗せることができる。人のペースに巻き込まれない表現ができてきます。そういう言葉を主に使った文章は、すぐれた文章になる。

第二は明晰さ

明晰さというのは、はっきりしているということ。そこで使われている言葉を、それはどういう意味か、と問われたら、すぐに説明できるということです。言葉によって説明できなければ身振りで説明できる。つまり、「歩く」というのはどういうことかといえば、歩いてみせることができる。それが説明になり定義になっている。行動とか経験による定義になる。もう少し複雑な言葉だったら、言葉で定義していく。自分で定義できない言葉を使うのはぐあいが悪い。

明晰さは事実に合っていることが重要です。推論の正しさもそれには含まれる。ほかの人の推理に寄りかかるというのではだめです。

それから、学生だけでなく、学者の話の中にも、よく「あまりにも有名な」という言葉がでてきます。もちろん文章などにもでてくる。学界のなかの紋切型です。あまりにも有名なんだから、おまえは知らないはずはないじゃないか、と逃げることができる。説明しないでいいわけです。どういうのがあまりにも有名なのか、その学問によっても違うし、時代によっても違う。そういう言葉は明晰さを妨げます。明晰な文章を書く人はそんなことは書かない。

バートランド・ラッセルとかホワイトヘッドは、「あまりにも有名な」などという言葉は全著作のなかでもほとんど使っていない。かならず一言二言で特徴づけています。一言二言で特徴づけることが、明晰さの重要な条件です。

ゾウだとかキリンだとかいうのは抽象語ではないけれども、動物とか動物性といえば抽象語になります。そういう抽象語を使っても、ある人の文章には生なましさがある。また、ある人の抽象的な文章には、切実さがある。それはどういうことかといえば、その人は抽象的な表現を使っているかもしれないけれど、それはどういう意味ですか、とその人にきけば、十分あれば十分で答えてくれる。それだけの力を感じさせる文章は、抽象語を使っても明晰です。竹内好、花田清輝、山田慶児といった人たちの文章はそうです。

第三はわかりやすさ

特定の読者にたいしてわかりやすい。〈読者にたいして〉というときの読者は、自分であってもいい。自分にとってわかりやすいということでもいい。読者としての自分というのは重要であって、文章はまず自分にとって大事なんです。自分の内部の発想にはずみをつけていくものが、いい文章なんです。文章を書いているうちにどんどんはずみがついてきて、物事が自分にとってはっきり見えてくる。そういう場合に、少なくとも自分にとっては、いい文章を書いていることになる。

ある歯医者での見聞ですが、三歳くらいの子供がきていて、絵本を見ていた。それから、違う家族の五歳くらいの女の子が二人きていて待っていた。そのうちに、三歳くらいの子供が見ている絵本に何かでていたんでしょう。三歳くらいの子供というのは五歳くらいの子供を非常に尊敬するところがあって、「オサルサン」とか言って、その絵本を五歳くらいの女の子に見せに行った。そうしたら、その女の子は非常につれない表情をして、「ちがうもん、チンパンくんだもん」と言う。そして、もう一人の五歳くらいの女の子に「ねえ」と言うんです。その三歳の男の子はガックリきて、なにか気落ちしたような感じで、ひっ込んでしまった。

私はそのとき学者社会のことを考えた。大学教授とか学生がつくっている社会というのは、そういうものだと思う。「オサルサン」と言ったときに「ちがうもん、チンパンくんだもん」と言う。なるほどそこに出ていたのはチンパンジーかもしれない。だけど、その言葉を知っていることによって、それに似たような概念までおりていくことをしないで、ピンとひじ鉄をくらわしてしまう。そういう言葉の使い方はまずい使い方ですね。

たとえば、私が教師をしていた時代でいえば、「アノミー」という言葉がよく使われました。それはどういう意味かというと、だいたいの学生が言えない。無秩序状態という意味なんですが、こういう言葉を使うときには、自分がきちんと定義できる用意があって、そのうえではじめて試合にでるべきであって、それはどういう意味ですか、と問われたら、その場にあるもので定義できなければいけない。ここで格闘すべきなのであって、家へ帰れば鉄砲があるから、それをもってきて撃つ、というのでは殺されてしまう。

少なくとも、ここにあるもので大体のことが定義できるという用意が必要です。そういう感じの文章は、私はいい文章だと思います。

文章をまとめてゆく三段階

けれども、わかりやすさというのはたいへん疑わしい考え方で、究極的にはわかりやすいなんていうことはない。自分の言いたいと思うことが、完全に伝わることはない。だから、表現というのは、何か言おうとしたならば、かならずうまく伝わらなかったという感じがあって、出発点に戻る。

そこで、文章をまとめてゆく段階を考えてみると――

（1）　思いつき

（2）　裏づけ

（3）　うったえ

これは表現という行動の三つの段階だと考えましょう。〈思いつき〉というのは、各個人の心の内部にあるものです。〈裏づけ〉は、どういう言葉を使っているか、その言葉がどの程度に定義されているか、どの程度に整理されているか、どの程度に事実に合っているか、どの程度に資料の裏づけがあるか、という用意。〈うったえ〉は、ある社会、ある状況のなかに、文章あるいは言葉を投げ入れることです。

そのとき、読者とそれをとりまく人に、なかなかうまく伝わらずに、何か残ってしまう。そうすると、それはまた振り出しに戻る。こうやって無限の循環をする。それが表現というものなんです。完全に伝わるということはない。だから一種の無窮運動だというふうに考えられます。

この〈うったえ〉のところで、社会に向かって、たとえば手紙で相手にだすとか、活字になって人が読むとか、いろんなことがあるわけですが、そのときになってはじめて社会とかかわるかというと、そうではない。実ははじめに自分が内部に思いつくということは、自分のなかに社会が入ってくるということなんです。

もしもわれわれが一人だけで生活しているとしたら、われわれは言葉なんてもつことはない。言葉をもつということは、外側の社会がわれわれのなかに入りこんできたことで、内面化された会話です。他人とのやりとりが内面化されて、自分一人でそれをもういっぺん演じている。ですから、思いつきそのもののなかに、すでに社会というものがある。

こういう図式を考えてみると、文章を書くことは他人に対して自分が何かを言うという、ここで始まるものではない。実は自分自身が何事かを思いつき、考える、その支えになるものが文章であって、文章が自分の考え方をつくる。自分の考えを可能にする。だから、自分にはずみをつけてよく考えさせる文章を書くとすれば、それがいい文章です。

自分の文章は、自分の思いつきを可能にする。それは自分の文章でなくても、人の書いた文章でも、それを読んでいると思いつき、はずみがついてくるというのはいい文章でしょう。自分の思いつきのもとになる、それが文章の役割だと思います。

「書評」の書き方——其の書の特質を標出すること

ほめる書評とけなす書評

「書評」を皆さんに書いていただきました。

「書評」にもいろんなタイプがあって、ほめる書評とけなす書評があります。私は、けなす書評は不得手で、うまく書けたためしがない。ほめることに巧みな人と、けなすことに巧みな人とがいるようです。

私は自分がけなす書評はほとんど書けないものですから、谷沢永一氏（関西大学教授）の『紙つぶて』にはほとほと感心しました。これはほとんどが、けなす書評です。その『紙つぶて』に収録されているものから二つとりあげてみます。

〈例文1〉

文献目録とは何か

S51・7・5

▽出版研究家を以て自任する出口一雄が、『出版を学ぶ人のために〈出版ジャーナリズム文献綜覧〉』に続いて『近代日本文学を学ぶために〈近代日本文学研究文献綜覧〉』(共に第一書店出版部)なる編著を刊行した。書名を聞いただけで不可欠の必携書であると読者が誤認するように仕向け、一般書店には陳列されていないから、内容を改めもせず取り寄せ発注することを期待した下心のあるネーミングだが、実際は何の役にも立たぬ無責任な単行本書名の機械的羅列にすぎぬ。

▽佐村八郎の『国書解題』(増訂版の復刻を名著普及会発売)が出たとき内藤湖南は「野籟居読書記」(筑摩書房『内藤湖南全集』十二巻)のなかで、「凡そ書籍の解題に最も要する」核心は「其の書の特質を標出すること」であるのに、佐村八郎は「其気力あるのみにて、其の才能と学識とは、全然欠乏せる者なり」ときめつけた。伊藤仁斎の『論語古義』は「『論語』に詳註したるもの。其の古義を闡揚し、併

せて自家畢生の見識を発揮せるものなり」。荻生徂徠の『論語徴』は「『論語』の古義本領を繹ね、一家の見を披露す」。こんな無意味な説明なら、ない方が遥かにましだ。

▽出口一雄の編者は、解題書を目指してはいないにしても、とにかく文献目録である以上、或る文献が何を調べるのに有用かを指示せねばならぬのに、その使命を全面的に放棄して、書名カードを綴り合わせただけ、見かけ倒しの無用の書だ。近代日本文学の「文学史・思潮」の研究書と称して、単行本と雑誌特集号とだけ三百点ばかり分類も解説も評価もなく並列した無意味なリストの使い道は、私立大学の認可を取るため内容を問わずに蔵書の数だけ揃えようとする収書の手引としてだけであろう。

〈例文2〉

山本周五郎小説全集

▽『山本周五郎全集』全三十三巻（新潮社）が着々と進行しているのは喜ばしい（のち別巻五冊追加）。この全集は、大きくいうと、日本の全集類出版史に特筆大書すべき名工夫を打ち出しているのだ。愛蔵版は、背皮の堅牢装幀箱入り、千三百円、表紙に全集という名称と巻数とを大きく示してある。軽装版は、薄表紙カバー付、五百円以内、表紙にその巻の書名のみを出し、奥付にだけ全集の巻数を示している。軽装版は一冊だけでも決して端本という感じがしない。清貧の読書子に対する花も実もある措置ではないか。

▽造本については、このように感謝をささげたいのだが、編集方針についてはやはり不満がある。三十三巻中、短編がわずかに十巻、それも前期の厖大な作品群がすべて切り捨てとはなさけない。池島信平夫人が講談社版全集月報で、つぎのように書いたのは至言である。――「今や大家になられた山本氏の作品は、上手いなあと思わず唸ってしまう反面、いやあまりに上手すぎるせいでしょうか、気どりのようなものがチラチラするように感じられるのは私だけでしょうか」。

▽改めていうまでもなく、全集とは、その著作家のありとあらゆる面に接したい

と願う読者のためにあるのだ。その人が成熟する前の模索し苦闘している時期の試行錯誤をありのままに見たいし、完成によって失われたのかもしれない幼稚さのなかの好もしい要素をも、さかのぼって知りたい。その人の生涯をよきにつけ悪しきにつけ、見渡したいのが愛読者の願いなのだ。全集の編纂が、将来の版権を確保せんとする出版社の商策に支配されてはならない。

〈例文1〉は、徹底的に追いつめる種類の文章で、私がもしこれの筆者だったら、穴のなかにでも入りたいという感じを持つ。若い人に読めないと思われる字がありますが、「繹ね」は「たずね」と読みます。「闡揚」は「せんよう」で、あらわす、明らかにする、ということです。〈例文2〉のほうは、伸びやかな文章ですが、やはりけなす部分がでてきます。

しかし、谷沢永一氏の本領がでているのは〈例文1〉のほうですね。相手をひっくり返しておいて、相手が謝っているところを、その眉間《みけん》を下駄で割る、そういう種類の文章です。この人はほめる書評も巧みかというと、そうも思えない。私の印象ではほめる場合にはあまりあたっていない。けなす場合、否定する場合には、ほぼ確実にいいという感じがする。

けなす場合のコツ

一か所、私がけなされたところがあって、そうかな、私の文章はそんなに悪いかなと思って、自分で書庫に行って引き出して読んでみた。それは『都留重人著作集』の解説で、名指しでたたかれているのではないが、この著作集の解説者はみんなだめだと書いてある。私もそのなかに入っているので、私もだめなんだろうかと思って読んでみたら、やはりよくなかった。だから、自分が否定された場合を含めて、けなすときにはこの人には力がある、用意があると感じました。

そのけなすという場合、あいつは気にくわない野郎だからひっぱたくという類《たぐ》いのものではない。〈例文1〉〈例文2〉ともに、けなす書評なんですが、それがこの本の性格、特色をよくとらえている。その本はどういう本か、その特徴をパッととらえる。数行でとらえる、これが書評の役割です。

谷沢永一氏の引用している内藤湖南の言葉、「其の書の特質を標出すること」。それが最低限のことなんです。それができなければ書評としてアウトです。それをとらえたうえでの、ほめるか、けなすかがそのあとにくる。

四国の宇和島に伊達館というのがあります。幕末、伊達の殿様の持っていた、オランダ語や英語の本だとかが残っている。その本のなかにビラが貼ってある。そのビラは、宇和島にかくまわれていた高野長英が書いたものだそうです。宇和島の殿様は、長崎からずいぶんたくさんの洋書を買ってきた。しかし藩内に読める人がいない。そこで、牢を破って逃げ回っていた高野長英をつれてきて、かくまって読ませた。高野長英はものすごい速さで読んで、これはこの部分がすぐれている、この本は読むにたえない、と短冊のなかに書きこんでいった。それが残っている。

幕末の日本において、これだけのことを、一月や二月でやることのできる人間は、そうたくさんはいなかったでしょう。これは、書評ならびに文献解題の能力です。

情報量の少ない文章

学術語はイカの墨としても使える

次に、私の目からみて悪い例としての書評をあげます。これは、J・ピアジェの『人間科学序説』（波多野完治訳）の書評で、ある週刊誌に載っていたものです。

〈例文3〉

人間科学研究の主要動向を考察

本書はユネスコ編「社会諸科学および人間諸科学の研究の主要動向」のなかからピアジェの「序説――科学大系のなかで人間科学の占める位置」を訳出したも

のである。

著者は生物学から児童心理学にはいって、発生的認識学の領域で大きな貢献をした、フランス語文化圏に属する世界的なスイスの心理学者で、早くから科学思想史を教え、ユネスコを中心とする国際的な教育活動に従事し、『発生的認識学研究センター』（ジュネバ大学）の学際的研究を主宰してきた人であり、本書の主題の執筆者としては、最適者の一人である。

また、訳者は昭和初期以来、ピアジェの児童心理学を日本に紹介してきた人で、ピアジェの思想については最も造詣の深い人であるから、絶好のコンビであるといえるだろう。

著者はまず、社会諸科学をふくめて人間諸科学を、法則定立科学、歴史諸科学、法律諸科学、哲学的学問の四部門に分け、そのうちから特に法則定立科学（科学的心理学、社会学、民族学、言語学、経済学、人口統計学などが含まれる）をとりあげて、その動向を論じている。

法則定立的な人間諸科学の歴史的特徴は、比較研究法、発生的動向、自然科学

からの影響、哲学からの分離、証明による意見の一致などの点にあるが、自然諸科学にくらべて、その対象が複雑だというだけでなく、研究の客体が同時に研究の主体でもあるという点で、また社会や文化によって異なる言語を媒介として研究を行なわなければならないという点で、一層の困難に直面するという。そして、その困難さが、先に述べた心理学、社会学などの諸学について、具体的に検討される。

次に、これらの困難は実験および測定の困難さに集約されるとして、人間科学における実験の困難さの問題がとりあげられ、再びそれぞれの学問について検討が加えられる。

次に、人間の認識作用に特有な自己中心化の働きを、哲学的イデオロギー的潮流に関係づけて、論理実証主義、弁証法、現象学の哲学と人間諸科学との関係が論じられ、それぞれの哲学が研究を促進させたり、限定したり、マヒさせたりする場合があることを指摘する。

さらに、主体の働きをもとり入れた最近の生物学の進歩、自然科学と人間科学との研究法の交流、サイバネティックスという新しい学問の例をあげて、自然科学と人間科学とが、コント流の一方向的な単線型に分類されるものではなく、相互に関係しあった弁証法的円環関係にあることを主張する。したがって、還元主義は否定されるが、予測や説明や理解の要求は、人間科学でも否定されない。

そのほか、学問の専門化と総合化、学派の役割、基礎研究と応用の問題などが取りあげられており、全体として、人間科学と自然科学の交流によって明るい未来が約束されているという印象をうける。

一読して、何が書いてあるのかさっぱりわからない。これは情報量の少ない文章です。先に二つ引用した谷沢永一氏の場合は六百字、一枚半の分量で、これは千二百字で谷沢氏の倍の長さ。しかし、谷沢氏が一冊の本からだす情報量より、はるかに少ないものしか書きこまれていない。これを読んで印象に残ったことは、本のタイトル、出版元が岩波書店であること、定価は千円。これだけです。

イカが墨を吐いて自分の所在をくらます、そんな印象を受ける文章です。「弁証法的円環」といった学術用語を次から次に出して、所在をくらましている。自分はこの本の趣意はわかっていない、ということをこれでごまかしおおせるという、そういう技巧として学術用語が使われている。

とくにぐあいが悪いことは、著者のピアジェは偉大な学者であり、この本を訳した波多野完治はわかりやすい文章を書く人です。偉大な学者の原著を、わかりやすい文章で訳した書を、こういうふうにわかりにくく紹介するのは、いったいどういうことなのか。もっとかみくだいて、小学校五、六年生にもわかるように、二行か三行つけ加えてくれてもいいじゃないか、と思う。皆さんが書いた書評は、この書評よりはよろしいと思います。

書評は、内藤湖南のいう「其の書の特質を標出すること」ですから、まず、その本の特色をはっきりさせるというハタラキがなければいけない。その本を要約するというハタラキがなければいけない。その本のおもしろいところは何か、つまらないところは何か――

だから、たとえばこの書評のなかにでてくる「あまりにも有名な」みたいな一節。

こんなふうに逃げてはいけない。

この書評には引用はありませんが、書評でその書物から引用するとしたら、自分の文章ではとうてい書けない、と思うようなみごとな表現がそこにある、という場合に引用するか、あるいはこんなことを言うからだめなんだといって、はっきり例証として引ける文章として引用するか、効果的な引用でなければいけない。引用というのはなかなかむつかしいことで、引用することによって自分の文体がくずれて、どうしようもなくなることがしばしばある。

次に、批判する場合、その批判の根拠をはっきり提示しなければいけない。これはつまらん本だ、と言い捨てることはよくない。そのつまらんということの根拠がなければいけない。谷沢永一氏について感心するのは、否定の根拠があるということ。先に引用したわずか六百字の文章のなかで、否定の根拠をきちんと提示している。押しかけていってきけば、一時間でも二時間でも次から次へと根拠をだしてくるという感じがある。そこがおもしろい。

自分らしい本の読み方

皆さんに書いていただいた「書評」を見ていくことにします。

文間文法の技巧をおぼえる

〈作文1〉――M・S（会社員）

『みんな不良少年だった』（高平哲郎著）評

僕がずっと小さかった頃、「立身出世」の典型として、エリートコースを歩んで官僚になるとか、丁稚《でっち》奉公から商社を興すといった美談めいた話をよく聞いた。

しかし、そんなコースからはずれてしまった人たちには「成功」の座はないのか？「立身出世の物語」は本当にカッコのよい美談なのか？　僕の素朴な疑問に、明快に〝NO〟と答えてくれたのがこの本だ。

「エンターテイナーのオフ・タイム」と副題のついたこの本は、現在わが国で活躍中の二十二人の芸能人たちへのインタビュー集だ。

インタビュアーは高平哲郎。高平氏は「宝島」や「ムービーマガジン」という、有名ではないが若者に人気のある雑誌の編集を経験し、現在はフリー。彼のインタビュー集は、「自分の興味がある人にしか会見を申し込まない。二、三時間ジックリ話し込む」という取材の中から生まれたものだ。それだけに、芸能人たちの表面を軽く撫でるのでなく、その性格や人となりにまで立ち入っているようだ。うたい文句の「ディープインタビュー」という訳《わけ》のわからぬ言葉も、それほどに深く突っ込んだインタビューという意味なら納得がゆく。

さて、登場するのは、東映の大部屋俳優で悪役集団「ピラニア軍団」から川谷拓三、室田日出男。ジャズ界からは不遇の天才ドラマー、富樫雅彦。人気抜群のギャグマンガ家、赤塚不二夫をはじめとする二十二人。「文化」というものに、表と裏があるなら、「裏文化」で活躍中の人たちばかりだ。まちがっても芸術院会員になれるような人は一人もいない。ところが、今や彼らは各々の分野の第一人者だ。彼らはおおむね、エリートコースに乗れるほど頭も良くない。才能を伸ばすため巨額の金をかけてくれるような、豊かな家庭にも育っていない。どこにでもいるような子供たちだった。唯一、ちがっているのは、「ドロップアウト」などという言葉が流行する前から、それを実行していたことだ。高平氏のインタビューは、それをうまく引き出している。

普通の少年少女から精神的に離脱するのは不良少年であり、現実的に肉体的に離脱するのは非行少年だ。「非行少年」は少年法によって拘束を受けるが、「不良少年」は意識レベルでの問題であり、表面上はわからない。これは僕の感想だが、登場する二十二人は「不良」と「非行」の間《はざま》に飛び込んで行った人たちだと思う。その中で絶えず思い悩み、目標と異った分野での仕事しかできない自分の姿に、さらに苦悩を深める青年の姿も描かれている。

ハングリーな状態を経験すればするほど、ハネ返そうというエネルギーが湧き上るものだ。食わんがための不本意な仕事に就いている時の葛藤《かっとう》さえ、肥料になったのだろうか。高平氏のインタビューは、そのあたりにまで立ち入ってない点に不満が残る。

大学入試に親子連れでくるような若者にとっては、「自分のキバは自分で磨け」と厳しく教えるもうひとつの教科書として最適だろう。

〈講評〉

「僕がずっと小さかった頃、『立身出世』の典型として、エリートコースを歩んで官僚になるとか」

私はここに紋切型を感じる。「エリートコースを歩んで官僚になる」では弱くなる。もう少しくだいた言葉のほうがいい。「優等で通して官僚になる」のほうが普通の言い方です。普通のほうが強い。「エリートコース」というのは流行語で、流行語を使うと文章が弱くなります。「丁稚奉公から商社を興すといった美談めいた話をよく聞いた。しかし、そんなコースからはずれてしまった人たちには『成功』の座はないのか？　『立身出世の物語』は本当にカッコのよい美談なのか？　僕の素朴な疑問に、明快に〝NO〟と答えてくれたのがこの本だ」

ここで、この本に対する、自分の光のあて方をはっきりさせている。書評する場合、その本に対して、自分なりの独自の光をあてることが重要です。ここはきまっていると思います。

「彼のインタビュー集は、『自分の興味がある人にしか会見を申し込まない。二、三時間ジックリ話し込む』という取材の中から生まれたものだ」

この本は、高平哲郎という人の二十二人の芸能人へのインタビュー集ですから、これでこの人の方法の特色をはっきりととらえています。

ただし、その少し後の、「うたい文句の『ディープインタビュー』という訳のわからぬ言葉も、それほどに深く突っ込んだインタビューという意味なら納得がゆく」というのは蛇足《だそく》です。

いくつか具体的な例をあげて、「普通の少年少女から精神的に離脱するのは不良少年であり、現実的に肉体的に離脱するのは非行少年だ。『非行少年』は少年法によって拘束を受けるが、『不良少年』は意識レベルでの問題であり、表面上はわからない。これは僕の感想だが、登場する二十二人は『不良』と『非行』の間《はざま》に飛び込んで行った人たちだと思う」とあります。

この光のあて方は、卓抜だと思います。ここにはオリジナリティーを感じる。「その中で絶えず思い悩み、目標と異った分野での仕事しかできない自分の姿にさらに苦悩を深める青年の姿も描かれている」

つまり、「不良」と「非行」の間《はざま》に飛び込むことによって、その職業での定型からはずれてしまって、揺すぶり直すというところが創造力の源泉になる。そこをとらえている。

それから、終わりのほうで、「ハングリーな状態を経験すればするほど、ハネ返そうというエネルギーが湧き上るものだ」とある。私はここからパッと飛んで、「大学入試に親子連れでくるような若者にとっては、『自分のキバは自分で磨け』と厳しく教えるもうひとつの教科書として最適だろう」と続けたほうが、はるかに印象がはっきりしてくると思う。

その前の、「食わんがための不本意な仕事に就いている時の葛藤《かっとう》さえ、肥料になったのだろうか。高平氏のインタビューは、そのあたりにまで立ち入ってない点に不満が残る」というところは、モタモタしていて、これは抜いたほうがいい。次のパラグラフへの飛躍がはっきりします。

これは文間文法の問題です。一つの文と文との間をどういうふうにして飛ぶか、その筆勢は教えにくいもので、会得するほかはない。その人のもっている特色です。この文間文法の技巧は、ぜひおぼえてほしい。

文間文法の駆使のものすごくうまい人がいます。作家のなかでもうまい下手があって、スターンなんかは文間文法の達人です。一つの文章から他の文章に移るときに、また一つの文節からもう一つの文節に移るときに、なんともいえない快感がある。太宰治もうまい、スーッと行く感じがあります。

一つの文と文との間は、気にすればいくらでも文章を押し込めるものなのです。だから、Aという文章とBという文章の間に、いくつも文章を押し込めていくと、書けなくなってしまう。とまってしまって、完結できなくなる。そこで一挙に飛ばなくてはならない。ここで言えば、「……エネルギーが湧き上るものだ」から「大学入試に親子連れでくるような……」へ、すぐ移ったほうがいい。

全体としては、この本の役割とか効果とか、どういう人に読んでもらいたいか、ということがわかって、たいへん感心しました。

誠実な文章

〈作文2〉――H・H（会社員）

不毛地帯あれこれ

「さて困った。書評をせよとのことだ」日頃、読書とは縁遠い生活をしている三十男の深刻な嘆きである。昨年は「マネーチェンジャー」を皮切りとして「崩壊」「知的戦略の時代」「人事屋の書いた経理の本」など二十数冊を読んだ。最も印象に残った本は「人事屋……」である。私はいつも一気に読んでしまうタイプであり、深く考えて読むのは苦手である。言い訳をすれば、「忙しすぎる」のだ。

仕事がら常にあれこれ考えているので、読書ぐらいは、息抜きさせて欲しい。今年になって久しぶりに小説に目を通した。その名は「不毛地帯」。山崎豊子作。例のごとく一気に読んだ。大きな感動を覚えた。その余韻《よいん》は、二か月を経た今もなお強く私を包んでいる。

小説の内容は以下のごとし。苛酷《かこく》なシベリアの抑留生活を経験した主人公の元大本営参謀壱岐正は、その作戦力と組織力を企業へ生かすことを乞われて近畿商事へ入社する。商社マンとして第二の人生をスタートする。彼の前に待ち受けていたのは、戦闘用航空機の日本への導入、国内の不振自動車企業の外資との提携、中近東における石油開発といったワールドワイドな熾烈なビジネスであった。壱岐正は、冷静な分析力と人間力をもってして商戦を闘い抜く。しかし「二度と手を汚すまい」と彼が誓った願いは、ビジネスの論理の前に無残にも破れる。彼は悔いた。しかし生きねばならぬ。最後に、力の衰えた社長の首をはねるがごとくして相談役へ追い込み、自らも同道する。後には、強固な組織力が出来ている。彼の企業での役目は終ったのだ。おもしろい。文句なしでおもしろい。圧倒されるようだ。人間のすさまじい生きざまに。シベリアに関する記事をめぐって、問題が起きていると聞く。小さい。いいじゃないか。そんな気を起こさせるほどスケールの大きい作品だ。どれほどの作者の努力があったのであろうか。

いつもならここで終り。現風研の会員らしからぬと非難される所以である。世代のギャップか。田舎育ちのためか。自然科学を専攻したからか。真面目な研究生活を長く経験したからか。素質がないのか。私にはあの「がきデカ」のおもしろさがわからない。何度読んでもだめだ。ギブアップ……。「あしたのジョー」「おれは鉄兵」ならわかる。そんな私だから「不毛地帯」に共鳴したのだろうか。研究から離れた私は、情実が主流をしめる日本的ビジネス社会にとまどっています。その不満が、それを乗りこえて活躍する主人公へ共鳴するのだろうか。文句のいえない抑圧された感情が壱岐正へ……。白昼夢。大人の童話。

正直のところ、ここまで書いて嫌になった。書いていることの平板さ。分析力がない。自分の力がつくづくわかる。現風研のおもしろさにひかれて参会しているものの、底の見えた感じ。書くことは恐ろしい。

あと十年後、もう少し、ましな内容の、もう少しいい文章が書ける己に成長していることを願って筆を置く。「負けるな明日のジョー」。

〈講評〉

「さて困った。書評をせよとのことだ」

こういう文章で始まる書評というのは、だいたいよくないのです。しかし「だいたい」なのであって、例外もあります。それで始まって、うまく逆手を返すような場合もある。紋切型がいけないと言っても、紋切型そのものを使ってうまく物を言うこともできる。文章には、絶対的な法則などありません。

最初の一行を読んで、これはまずいほうへ向いたなという感じを受けたのですが、しかしこの文章は、いいほうでも悪いほうでもない、中間にとまっています。それは前に挙げた三つの条件のうち、誠実さが初めから終わりまでつきまとっているからです。

「読書とは縁遠い生活をしている三十男の深刻な嘆きである」

読書とは縁遠い生活をしている三十男の立場から、その場を離れずに書いていると
ころに、誠実な感じがある。その印象というものも、ああ、こういうふうに考える人
がいるのだなということがわかります。

「昨年は『マネーチェンジャー』を皮切りとして『崩壊』『知的戦略の時代』『人事屋
の書いた経理の本』など二十数冊を読んだ。最も印象に残った本は『人事屋……』で
ある。私はいつも一気に読んでしまうタイプであり、深く考えて読むのは苦手である。
言い訳をすれば『忙しすぎる』のだ」

こういう暮らしと、こういう人間像ということがはっきりわかる。

「今年になって久し振りに小説に目を通した。その名は『不毛地帯』。山崎豊子作。
例のごとく一気に読んだ。大きな感動を覚えた」

そして小説の筋書きの説明がずっとある。これは盗作問題が起こったのですが、
「シベリアに関する記事をめぐって問題が起きていると聞く。小さい。いいじゃない
か。そんな気を起こさせるほどスケールの大きい作品だ」といって、片づけてしまっ
ています。

「いつもならここで終り。現風研の会員らしからぬと非難される所以である。世代のギャップか。田舎育ちのためか。自然科学を専攻したからか。素質がないのか」

ものすごく反省するのですね。ここは文間文法的にポンと飛んでいる。そして、「私にはあの『がきデカ』のおもしろさがわからない」と、山崎豊子から山上たつひこまで飛んでしまう。「何度読んでもだめだ。ギブアップ……。『あしたのジョー』『おれは鉄兵』ならわかる。そんな私だから『不毛地帯』に共鳴したのだろうか」

このあたりに、大づかみながら自己分析があります。学者の自己分析の方法と、いくらか違いますけれども、漫画でも『あしたのジョー』と『おれは鉄兵』ならわかる。それは猛烈に努力する人間のストーリーだからでしょう。しかし『がきデカ』はわからない、と書くことで、そういう自分の精神の位相を、ここでとらえている。

自分はどういう人間か、なぜ『不毛地帯』をおもしろいと思うのか、という理由を、全然ちがう素材に目を向けることによって明らかにしようとする。そこから自己分析がなされている気がします。

「研究から離れた私は、情実が主流をしめる日本的ビジネス社会にとまどっています」

だからこそ『鉄兵』がおもしろい。成績は悪いのに、がむしゃらに剣道に取り組み、ぐんぐん強くなっていく人間像、そういうものに共感がもてるわけでしょう。『不毛地帯』もそれ故におもしろい。だが『がきデカ』はつまらない。

Hさんは自分では「分析力がない」と書いているが、私は分析力はあると思う。大づかみだけれども、自分の本に対して書く動機を、自己分析できていると感じます。

すこししゃれた言いまわしに紋切型がある

〈作文3〉——E・M（美容師）

『獅子座の女シャネル』ポール・モラン著（秦早穂子訳）

ジャン・コクトーは、「ココ・シャネルの名前なしには、フランス文学史を語ることはできないだろう」といったが、ココの作品は「シャネル・スタイル」と呼ばれ、一世を風靡した。第二次大戦後ニュールック旋風で、パリ・モードを世界のファッションの王座に再び復した〝モードの帝王〟ディオールの作品さえ、「ディオール・スタイル」とは呼ばれなかった。シャネルの伝説的な生涯が、この呼び名にも表われている。

一九七一年、シャネルの死と同時に待っていたかのように、六冊のシャネルの伝記が出版されたのもうなずける。

フランス文学の中に、人物の伝記や、肖像を文字で表わす「ポルトレ」というジャンルがあると聞くが、ポール・モランのような有名な作家が、一介のクーチュリエの伝記を書いたことは異色なことであろう。彼女の顧客であったルイス・グイルモーランも、自分のごひいきのデザイナーへの讃歌として「シャネル伝」を書いているが、私には、モランのそれは、ひと味異なったものに思えた。

モランがシャネルの伝記を書くことになったのは、偶然である。第二次大戦後、両者は共に亡命生活ともいえるスイスで再会した。当時、ヴィッシー政権の外交官として、過去の傷をもつモランと、対独協力者のレッテルを貼られたシャネルはおなじ境遇にあった。

このことからも、シャネルを書くにあたって、モランほど適当な人はなかったと思う。彼はまさに彼女の生き証人であると同時に、第二のベル・エポックと呼ばれた三〇年代、彼女の生活でも最も輝かしかった時代、花形として彼女が征服したあの時代のパリを語るにふさわしい人であった。

それだけに、この本では、どの伝記にもボカされている、シャネルの二つの秘密が明らかに描き出されている。しかもその秘密（〝うそつきシャネル〟の異名はこの点を彼女が、その時、その時思いつくままに相手に喋ったためといわれる）が、当時、世界的にヒットした小説「ガルソンヌ」の女主人公〝モニック〟の生き方そのままに、女性の自立は働くこと以外にないのだという真実を強く読者に、うったえる力になっている。

秘密の中にこそひとりの女が、のし上り、パリを征服し、シャネル帝国をつくりあげる、ひたむきな生き方が隠されていたのではないだろうか。それは、彼女の出身と最後の恋であった。

「コルセットで盛装して、息苦しかった女の肉体から、あたしは自由を取りもどしてあげたのだ」と誇らかにいったシャネルは、肉体の美しさを精神の美しさに変えてゆくこと、真の女性美が、単純さであり、そのことのみが永遠であることなど、女性の美しさを知りつくしていたことを、モランは余すところなく描き出している。

仕事も、愛もほしいと誰しも思う。ひとつのことを貫こうとすれば、何かを失うことをこの本は語っている。嚙みしめるような孤独感を、シャネルの生涯から私は強く感じた。

〈講評〉

最初の二百字ほどの、短い文章のなかでイメージをつくり得ています。さらに、なぜポール・モランがシャネルの伝記を書いたのか、この本が重要な本になる動機に、はっきり光をあてている。

この伝記で、シャネルの二つの秘密が明らかに描き出される。それは、一つは彼女の出身、もう一つは最後の恋。彼女はおそらくその出身の故に、「女性の自立は、働く、こ、と、以外にないのだという真実を強く読者に、うったえる力になっている」

そのあと、彼女の思想について書かれています。

「『コルセットで盛装して、息苦しかった女の肉体から、あたしは自由を取りもどしてあげたのだ』と誇らかにいったシャネルは、肉体の美しさを精神の美しさに変えてゆくこと、真の女性美が、単純さであり、そのことのみが永遠であることなど、女性の美しさを知りつくしていたことを、モランは余すところなく描き出している」

この文章は構造が混乱しています。もう少し単純にすることができる。

それから、ここには紋切型がある。「女性の美しさを知りつくしていたことを」というのは紋切型です。女性の美しさを知りつくしていた人なんているんでしょうか。しかも、シャネルが「女性の美しさを知りつくしていたことを、モランは余すところなく描き出している」と続く。「知りつくしていた」という最上級の形容詞があって、そのあと「余すところなく」ともう一度最上級をかさね合わせているのですから、大変なことになってしまう。紋切型かける紋切型で、これではいけません。

このパラグラフそのものが、構造としてもっとも単純化されなければいけないし、最後のところの紋切型をとってしまわなければいけない。「仕事も、愛もほしいと誰しも思う。ひとつのことを貫こうとすれば、何かを失うことをこの本は語っている」

ここで終わればいいのです。ここには紋切型がない。「ひとつのことを貫こうとすれば」というのは、「歩く」や「食べる」と同じ単純な日常語です。ところが、その次に、「噛みしめるような孤独感を、シャネルの生涯から私は強く感じた」というのがある。「噛みしめるような孤独感」は紋切型です。この部分を除くほうが、終わりはずっと強くなります。

リズミックな構成

〈作文4〉――T・A（バレリーナ）

『リュバルブの葉蔭に』ルネ・ヴィクトール・ピール著（荒木享訳）

十年ほど前、恩師に「おもしろい本があるから読んでごらん」と渡された本の表紙には、「リュバルブの葉蔭に」と書いてあった。

表紙に巻かれた宣伝のための帯には——「大黄・ラ・リュバルブは母性的な、そして神聖な繁殖の象徴、フランス文壇に衝撃を与えた作家ルネ・ヴィクトール・ピール」——というようなことが述べられていた。次のページには著者のいかにもバタくさい顔写真がのっていたが、私の好みの顔ではなかった。しかし現在もこの顔は私の脳裡をかすめる。

パラパラとページをめくると、翻訳ものによく見る、ぎっしりとカタカナと漢字のつまったビンづめのようであり、すぐ読む気にならず二日ほど机の上に乗せたままだった。

ところが読み出してみると、初めから私の胸をつく言葉が出現した。「君は私生児、今さら認知されようとすることは、生まれながらのビッコがいっそう残酷に感じられる競技場に出るに等しい」といった意味のものだった。

書き出しの言葉にひかれ、いつのまにか終りのページまで一気に読んでしまった。

この本には小説らしいドラマチックな筋はない。一人の男、私生児が、自分の出生の証明を義理の妹によってしたい、妹に認めさせることによって自らの満足を得たいと、もがき喘ぐさまを「十五、六世紀の版画をみるように」(訳者の言葉)描いている。

何と——この小説には同じ言葉が五十回以上も出てくる。「ブルボン式のわし鼻に漆黒の髪をした私」である。それは一字も変ることなく、くり返し、くり返し念仏のように全編にひろがる。たった一回通った言葉でありながら、ほかのものが出てくる。「ブルボン式のわし鼻、かつて漆黒だった髪」これは彼を認知しなかった父側の祖父のことを言っているのだが、この言葉の内容こそ、たった一つある彼の生きがいの証明書なのだ。

彼は一度もこの父へ抗議せず、ひたすら義理の妹に私生児の兄であることを認めてもらいたいと、名乗り出た場面を想像する。「私の兄さん、まあなんてうれしいんでしょう」又は「それじゃ私達二度とお会いしない方がいいかと思います」どちらが返ってくるか——。

この小説のおもしろさは次の言葉のなかにある。

――「結局のところ私はだれとも寝ずにこういう顔色をしているのであるから、彼女も又その目の隈にもかかわらず、だれとも床を共にしなかったかもしれないと。そうしてこの仮説は私に大変満足なものに思われた」

主人公は、妹かもしれないその人に対する複雑な気持を最後まで明瞭にせず、目的も達せず、読者をじらす。そのうえ最後の一頁になって、ひょいと身をかわし驚かす意地のわるさがある。読み終わってから、著者の写真をもう一度見るとうなずける。

この本を私にすすめた恩師も、そんな人だった。その意地悪さが魅力で私は自分の人生の何割かを、この師のもとに過してきた。

〈講評〉

これは、たいへんリズミックな構成をもっている文章です。「恩師」のことが最初に出てきて、終わりにもういっぺん顔を出す。わずか千二百字のなかに、リズミックパターンをもっているので、珍しいと思いました。

表紙に巻かれた宣伝のための帯には、いろんなことが述べられている。「次のページには著者のいかにもバタくさい顔写真がのっていたが、私の好みの顔ではなかった」

私は本を買うときに、顔には頓着しないけれども、この人は顔によって買うか買わないかを決める体質の人らしい。きわめて独自な角度を、本に対して持っている。顔への好みは、リズミックなパターンでもう一度出てきます。

「しかし現在もこの顔は私の脳裡をかすめる」

これは重要な部分で、文章としてはなかなかおもしろいが、「脳裡」という言葉をここでわざわざ使う必要はない。字引を引かなくては書けないような字を使うことで、かえって紋切型の表現になっています。「脳裡をかすめる」ではない、別の言葉にしたらよいと思います。

「パラパラとページをめくると、翻訳ものによく見る、ぎっしりとカタカナと漢字のつまったビンづめのようであり」

ここはうまい。これは紋切型ではありません。「ぎっしりとカタカナと漢字のつまったビンづめのようであり」というのは、われわれが普通に思いつく文章ではありません。

「主人公は、妹かもしれないその人に対する複雑な気持を最後まで明瞭にせず、目的も達せず、読者をじらす。そのうえ最後の一頁になってひょいと身をかわし驚かす意地のわるさがある。読み終ってから著者の写真をもう一度見るとうなずける」

つまり、この著者の顔が気に入らなかったのは、意地わるさのためであるというふうに確認するわけです。評者の感覚が、じつによく出ている。

「この本を私にすすめた恩師も、そんな人だった」

もういっぺん恩師が、ここに二重写しに出てくる。

「その意地わるさが魅力で、私は自分の人生の何割かを、この師のもとに過してきた」

意地わるな人が好きなんですね。これで意地わるさに対する一種のアプリシエーション（評価）が、この短い書評全体の音楽になっている。

意地わるな人にすすめられた意地わるな本についての意地わるな書評で、この書評そのものにも、身をかわす意地わるさが出ていて、形式上の対応がこの本に対してなされている。

自分なりの本の読み方

〈作文5〉――H・M（会社員）

『黄昏通信』村上知彦著

「同時代まんがのためのに」と銘打ち、カバーにまで「とにかくまんがをひとやま読んで『もうもどれなくなりそう』と思ったらこの本をとり出してみてください」と印刷している村上知彦の『黄昏通信』は、まんが体験を共有するぼくたちのための、ほとんどはじめての本である。

村上はいう、「なぜ、まんがをほんとうに読んでいる当の本人である、ぼくたちのためのまんが評論が存在しなかったのか。理由は簡単、ぼくたちがそれを必要としなかったからだ」

それならばなぜ、かれはまんがについて語るのか。いま、まんがについて語ることはまんがの風化をもたらすだけではないのか。

「ぼくらはまんがについて語るが、それは要するに、あの喫茶店のおしゃべりの果しない延長であり、享受の一形態に他ならないのである。だからぼくらは、ぼくらの言葉が権威をもつことを絶対に拒否する」

そのとおりだ。「高級雑誌」がまんが論の特集をくみ、NHKの教養番組で「大先生」がまんがについて語る時代、こんな時代に顔をしかめ口をつぐむのはたやすい。しかし、まんがについて語ることをやめたとき、まんがへの参加の回路も塞がれてしまう。これはぼくらにとって、まんがの死だ。

まんがとの出会いを失わないために、ともかくぼくらは、まんがについてしゃべり続けなければならない。

『黄昏通信』の大半を占める少女まんが論を、村上は10年前の熱い時代から説きおこしている。「真崎守から萩尾望都へ」、これがかれのパースペクティブである。

「同じように岡田史子、真崎守から出発し、ぼくらはまったく違う地点にきてしまった。……男たちが敗れ、少女たちが勝ったのだ」

おそらく、少女まんがにとってこのような見方は迷惑だろう。少女たちは、69年にさかのぼらなければならない必然性など持ちあわせてはいない。69年にこだわらなければならないのは、69年から2〜3年のちに、「やさしさに包まれた幻想」を求め、少女まんがをはじめて手にとったぼくたちだ。

「たぶん少女まんがは、どこまでも遠くゆけるのだ。少女まんがを、少女たちを、そしてこの時代に生きるぼくらのすべてをとり囲む〈枠〉の存在を見失わない限り。この時代のあらゆる現実が、ぼくらの抱く夢や幻想がそこでこそ実現する唯一の場所となりえていると思えない限り、ぼくらはぼくらの幻想の拠点を限りなく生みだし、現実を撃ちつづけなければならない」

こう村上が語るとき、かれはかれ自身に、そしてかれとともに同時代を生きたぼくたちに呼びかけているのではないだろうか。

まんがについてしゃべり続けようとすることは、少女まんがとの出会いという共通の体験を通じ、ぼくたち自身について語り続けていくことであるということを、『黄昏通信』は明らかにしている。

〈講評〉

これは出たばかりの本で、それほど名前のある著者ではありません。この一冊の本を抜いたところに、私は、漫画のことをよくわかっている人なんだなという感じをもった。

「(自分たちが)まんがについて語ることをやめたとき、まんがへの参加の回路も塞がれてしまう。これはぼくらにとって、まんがの死だ。まんがとの出会いを失わないために、ともかく、ぼくらはまんがについてしゃべり続けなければならない」

ここは動機をよくあらわしているし、この本の漫画に対してもっている角度が、はっきり出ているという感じがあります。

そして結局、かなり前衛的で形をくずしたかと思われた青年漫画が衰えてきて、少女漫画の世界でそういうものが実現されていったこの十年を振り返って、「男たちが敗れ、少女たちが勝ったのだ」という。これは適当な要約だという気がします。「(こう著者が）語るとき、かれはかれ自身に、そしてかれとともに同時代を生きたぼくたちに呼びかけているのではないだろうか。まんがについてしゃべり続けようとすることは、少女まんがとの出会いという共通の体験を通じ、ぼくたち自身について語り続けていくことであるということを、『黄昏通信』は明らかにしている」

著者自身がそうであるように、この書評者も自分自身の体験を定着し理解するためのしるべとして、この本を読んでいる。そういう読み方。スタイルが出ています。

私の講評での批判の中心は、紋切型との妥協という問題にあります。紋切型とどういうふうに格闘してそれを避けるか、紋切型にたやすく落ち込んでいくところから自分を何とかして救い出そうとする、そのことを文章を書く上での問題として見据えてほしいと思います。

あがきを伝える文章

その人の書く文章はいやだけれども、書いてあることはたいへん重大だということはあります。そういう著者は多くいる。そういう場合に読むのは苦痛です。しかし読まなくてはならないから読んでいる。

それでは私にとって、文章がうまいというのはどういうことか。言葉をたくさん知っていて、むつかしい言葉をたくさん使うからというのではないし、紋切型を巧みに使うということでもありません。

究極的にいい文章というのは、重大な問題を抱えてあがいているというか、そのあがきをよく伝えているのが、いい文章なのではないかと思います。きれいに割り切れているというものは、かならずしもいい文章ではないのです。

桑原（武夫）さんの紹介されたアランは、第一次世界大戦のとき、塹壕で絵を描いたそうです。材料の抵抗がひじょうにあるなかで、少しずつ描いていった。そのとき、ああ、こういうことで芸術というのはできるんだなと感じる。素材の抵抗というものが、芸術の表現のスタイルをつくるということに気づくわけです。

文章も似たようなもので、こんなことは私に書けない、だけれども、これを書き残しておこうというところから、スタイルが生まれる。書き慣れたことを、人が書くようにスラスラ書いたのでは、いい文章なんて生まれるはずがありません。

書評というものは、読後感とか感想文とちがって、人に読ませるということを頭に入れて書かなくてはならない。感想文なら、日記のなかに書いておくこともあって、自分だけわかっていればいい。ところが書評は、その本を読んでいない人にも、ある種の情報を与えなければなりません。

大宅壮一の言葉でいえば、おみやげがなければいけない。たとえば、その本は読むに値するかどうかを判断するだけの材料は、最低限与えなくてはならないと思います。紋切型という考え方がわかっていただけたでしょうか。それが今回の中心です。紋切型を極力避ける。どうしても紋切型を使うとすれば、ほんとうに人間がそれにつかざるをえない最後の紋切型まで行けば、逆転できるのです。「歩く」「食べる」、それで文章を構成すれば、おのずから別の角度がひらけてきます。中間的なのがいけません。

二　見聞から始めて

原体験と体験のちがい

絵の具になる体験

見たこと、聞いたことについて、皆さんに書いていただきましたので、原体験と体験ということから話します。まず、どう違うかですが、体験というのは同じ種類のことを何度も体験する（厳密な意味で同じものということはあり得ないことはもちろんです）。そのなかで深く自分の心に残っていくもの、そして体験を解釈する一種のカギになって残るものが原体験、まず初めにこういうふうに定義しておきます。

今回の課題が「自分の見たこと、聞いたこと」という程度の題で、いちばん悲しかったこと、いやだったこと、うれしかったこと、としなかったことに注目してください。ことさらそれを避けたのです。そういうことをあからさまに書くのが、文章だという流儀もあるでしょう。私はその流儀には属しません。

たとえば、私は自分がいちばんいやだったことは覚えています。しかし、言いたくないし、書きたくもない。どういう種類のことか、抽象的には言えます。いちばん悲しかったことと、いちばんうれしかったことも同じなんです。それを言ってしまうことで、それがいったいどれだけの力を自分に対してもつのか、たいへん疑わしい。私にとっては原体験を言わないことで、自分が経験するほかのあらゆる体験にかぶさって、それを解釈し、色づけるもとになる。もとの体験、たとえば自分にとっていちばんいやだった体験は、一種の絵の具みたいになって、いま見ていることを色づけしています。

いやなことは人によって違うでしょう。その人なりに、いちばんいやなことがある。何かをいやだと思ったということは、自然に現在の物事を見るときの解釈の絵の具となり、色の使い方となってあらわれてくる。ですから、原体験は絵の具として作用するわけで、いま自分が表現しようとする、自分によって書かれるその事件と体験ではないのです。

あらゆる体験が全部絵の具になるわけではないが、絵の具になる体験を、われわれは一人一人もっています。そうすると、どの体験について書いても、この絵の具を使うというふうになると思う。その絵の具そのものを書いたらどうなるか。絵の具そのものが書けるか、という問題があって、これは表現のなかの、実現しにくい領域です。

目前の見聞を解釈するカギ

打ち明け話の好きな人がいます。とくにアメリカ人には多い。たったいま会ったばかりの人に、自分はどういう恋愛をしたかを、二、三分で話す。私としては、もうかなわないという感じになります。そういうのがいいという考え方もあるでしょう。それも一つの道だろうという気はしますが、私は採りません。

ある原体験をもっていることによって、見えないはずのものが見えてくるということがあります。その原体験が、いまの体験を解釈し、屈折を与えるからです。原体験は、目前の見聞を解釈するカギとして考えることができる。

具体的な例をあげますと、たとえば戦争体験があります。私は満州事変が始まったときに九歳でした。それが日米戦争に発展し、敗戦を迎えたのが二十三歳。九歳から二十三歳までだから、自分のなかに戦争体験は深く入っています。原体験の一部になっていることが多い。

そうすると、いま、選挙の宣伝、応援の演説を聞いたりするとき、こういう調子の人は戦争のときだったら、あれぐらいの人だな、どういうふうにひっくり返るかわからない、といろんなことを考える。戦争中のもとになる体験があって、もと聞いた口調と同じ口調で演説している人がいますから。戦争中はああで、戦後はこうで、高度成長以後のいまはああだとすっかり戦前と似た顔をしている人がいる。いま自分が見ている大臣とかの、いろんな演説とかを聞いたとき、それを全部自分の絵の具を使って描き直してしまう。

前に歯医者での見聞について話しました。男の子が「オサルサン」と言ったら、年上の女の子が「ちがうもん、チンパンくんだもん」と言って退けた。それを見て私は、学者の世界ってこんなものだと解釈したのですが、そこには大学というものに対する反感がある。そのとき私は大学教授でしたが、その体験によって子供のやりとりを解釈し、そこに見えないものを見ているわけです。

そのように、目前に見たことが、色づけられて使われる。だが、原体験が自分にとっての現在の社会を解釈するときのモデルや、カギになると考えるときには、そのモデルなり、カギが修正なしに使えるものかという問題が起こる。

たとえば、私が大学教師をしていたころは、三歳か四歳で満州からの引き揚げを体験した子供たちが大学生になっていた。その人たちが自分の作文とか、同時代の記録を書くと、満州時代に幼い目に映ったことがでてくる。ソビエトの兵隊が来て、日本人のたまっているところに来て、暴行を加えたりして泣き声が聞こえたとか、人身御供として誰かをだした、といったことを書いてきた。

同じ時に進歩的な学者が『昭和史』を出版した。岩波書店から出版された本だし、権威ある学者の書いた科学的な現代史ということになっていた。その本の初版では、満州でソビエトの兵士が暴行を加えたとかいう噂があるが……として、それは事実無根であるとして消去していた。

この本と、引き揚げるとき子供が目撃したことと、どちらが正しいか、事実としては子供が経験したことのほうが正しいと思う。私は『昭和史』に対する感想文を学生たちが書いてきたとき、たいへんなショックを受けました。というのは、科学的な事実として学者が書いていることよりも、大学に入ったばかりの十八歳かそこらの学生が書いてるもののほうが越えている面がある。そういうことに対する批判がでてきて、『昭和史』の著者たちは修正版を出した。いま出ているのはその改訂版です。

ソビエトの兵隊が、日本人の引き揚げ者に対して、さまざまの乱暴行為を働いたことは事実でしょう。これは書き込まなければいけない。後になって書き込まれて史実として残っています。しかし、敗戦直後の進歩的な学者は、そういうことを認めようとしなかった。

原体験を抑制するブレーキ

さて、そこで話を戻しますが、この原体験を原体験として、絵の具として使うところまではいいんだが、これをモデルとして常に解釈する時には、相当あやうげなところがでてくる。常にいろんな種類の修正を加えなければいけない。

子供のときに、近所の娘さんとか親が暴行を加えられるのを目撃すれば、これはたいへんなショックで、それこそ原体験になります。しかしそこから、ソビエトは野蛮でけしからぬ、社会主義はけしからぬというふうに解釈したなら、それは通るかどうか、問題が残ると思います。

その極端な例として、こういうことがあります。

私が子供のころフリーダ・アトレーという人がいました。なかなか名高い人でした。『日本という国のどろ足』という本を、アメリカで出版して評判になった。日本が軍国主義国家として、どんな脆弱な足を持っているかを書いて、批判したものです。

彼女はソビエトロシアの立場に立って日本、イギリス、フランスを攻撃した。ところが、彼女の主人が、ソビエトで粛清された。彼女にとって、その原体験は、たいへんなショックです。その後、彼女はひっくり返って、こんどはソビエトのやることは全部悪い、ということになって、彼女の現代史はひっくり返った。

この場合のように、原体験をモデルとして考えて、それによって事件を解釈するやり方には、ある種の狭さがある。何らかの仕方で、原体験を抑制するブレーキを自分のなかでつくっていく装置をつくらないと、ぐあいが悪い。

彼女と対照的なのは、アグネス・スメドレーです。スメドレーのインド人だった主人も、スターリンの時代にソビエトで粛清されている。しかし、そのことによってスメドレーは反共にはならなかった。その後彼女は中国に行って活躍するし、尾崎秀実とも親しくなって一緒に仕事をしたりする。尾崎秀実が死んだときに、スメドレーは石垣綾子に、彼は自分のハズバンドであった、と告白している。尾崎もソビエト体制に認められないできている。そういうことを一つ一つの事件として見据えて、現代史を書くだけの器量が、彼女にはあった。一種の思想性が原体験に対するブレーキ装置としてあった。

そこで、われわれの持っている原体験は、あらゆる現代の事情を解釈するカギにはなるだろうけれども、無条件でカギとして使えると思ったら、そこには自分の思い上がりがあって、そういうものの考え方は、別の種類のかたくなな信仰に自分を導いていくことになる。だから自分の体験を、体験であればかならずそれは一つの場所にありますから、その場所をつねに適切なところまで追い戻していく努力もまた必要です。

これは主として思想の装置の問題ですが、思想の装置の問題は、かならず表現の内容として、表現の様式にからんでくる。

自己の体験を自由に解釈する

もう一つ例を引きます。

山中恒の書いた『欲シガリマセン勝ツマデハ』。著者は戦争中の小学生として、軍国主義教育を受けた。軍国主義的な思考が頭のなかにたたきこまれている。これは原体験です。しかし軍国主義的な思考を、彼は自明のものとしてそのまま保っているのではなく、繰り返し、もとにもどって、自分のものを考える場所をきめてゆこうとしている。適切な場所を与えようとして努力を続けている。

この本のなかに、自分の作った標語の話がでています。これは成績優秀と認められ、賞状を受ける。その標語とは〈たゆまぬ貯蓄ゆるがぬ戦力〉というものです。この標語を自分はどうして作ったか、ということを書いている。半分は自分の父親の作なんです。宿題にだされて、山中恒は初めは〈戦果に負けない貯蓄〉としていた。たまたま北京から帰国していた父親が、それをのぞきこんで、かなり貯蓄させられたけれど最近は戦果があがらないなあ、といやなことを言った。その言葉に反発して〈たゆまぬ貯蓄で支える戦果〉と変えた。ところがそれを父親がまた修正して〈たゆまぬ貯蓄ゆるがぬ戦力〉と直し、これが表彰された。

ここのところを自分でたどり直すことを通して、ほかの表彰されたさまざまの作文や標語も、同じようにしてつくられたのではないかと考えた。そして、戦中のさまざまの標語のなかで、最高の標語とされる〈欲シガリマセン勝ツマデハ〉の作者を捜す。これは花森安治でなければつくれないほどの独創的な標語として、戦後三十年間花森安治が亡くなるまで誤り伝えられてきた。だけど、その作者は三宅阿幾子、まだ生きている人なんです。山中恒はこの人を捜しだし、『戦中教育の裏窓』という会見記で紹介している。

これは彼女の作として、当時の新聞に写真と併せて紹介されたのですが、実際はおとうさんの作なんです。それが最高の標語として選ばれたものだから、困って、そうじゃないと言うんだけど、新聞は認めてくれず、でかでかと写真も出て、あとへ引けなくなってしまった。おとうさんが書いたとなったら、効果は半減どころか、ゼロに等しくなる。つまり、大人がやらせた戦争なんだが、大人は自分たちではそう思いたくない。いまの戦争にたいして子供が自発的にこんなにまで考えてくれた、といえば宣伝効果をあげることができる。天理教の布教師をしている父がつくりました、ではどうにもならない。こういう話が戦争中にはつくられていく。彼女の父親がいまから三年前に、七十二歳で亡くなった。だから、そういうなりゆきを何の遠慮もなく話すことができた。

山中恒には、こうした戦争中の原体験があって、そこからいま起こっているさまざまなことにたいする恨み、ことに、課題図書にたいする恨みがでてきている。さらに、戦後の進歩的な文化団体というものにたいする不信の念が、彼の原体験からつくられる。戦後の進歩思想というものは結局はやらせだ、という考え方がある。だから、彼の原体験が現在を解釈するカギとして働いている。しかし山中恒には、そのときにもとの体験そのままに固執するのではなく、その体験を自由に解釈していく一種の幅がある。戦争中に自分の中に入ってきた原体験を掘り起こして、それがつくられた状況を、もういっぺん調べていって、これだけの本をつくった。

　そのようにして、原体験は間違いのない一つのモデルとして使えるものではない。モデルではあるが、どの程度のモデルに使えるかを、常に新しく考え直していかなければならない。しかし、自分の情緒を色づけているものだから、少なくとも絵の具としては役だつ、と私には感じられます。

いい文章の目安

自分の見たこと、聞いたことを書いた文例として、私がおもしろいと思ったものを挙げて、これまでの話の補足説明としたいと思います。
最初に岸田吟香の「呉淞《ウースン》日記」から――

〈例文4〉

慶応二年（一八六六年）十二月二十四日

もうじきお正月だ。
きょうのような日は、ゆどうふに、どじょうなべかなにかうまいもので、くだらねェじょうだんでもいって、四、五人集まって、酒でものむほうが、からにいるよりか、よさそうだ。ここにいてはおもしろくねェ。早く日本へかえって、上野へいって格さん、とみさん等《など》と、一盃《ぱいいち》のみたいもんだ。
十二月二十五日
和英対訳辞書も、もはや、はんぶんできあがりになったとおもう。こんや、「まとまる」ということばのところのあたりまで校正した。どれねてほんでもよもう。

百十年たっても古びない文章

この筆者の岸田吟香は、一八三三年に生まれ一九〇五年に死んだ人です。一八三三年は天保四年です。天保四年生まれの人が幕末の慶応二年（一八六六）に書いた文章です。それを頭に入れて読んでください。時代と考えあわせると、驚くべき文章です。

この人は岡山県から東京へ出てくる。開明派だったものだから、しばらく身の危険を感じて、吉原に妓夫太郎《ぎゆうたろう》になって住みこんだり、お湯屋の三助をしていた。三助はいろんな階級の人と話をすることができる。その会話のやりとりが、二十歳ぐらいで自分のなかに入って、この文体の基礎になった。

その後、米人眼医者ヘボンの和英辞典をつくる手伝いをして、その活版が日本で調達できないものだから、上海にヘボン夫妻と娘をつれてゆく。そこで書いたのがこの日記です。呉淞《ウースン》というのは上海を流れる川の名です。

ところどころなかにはさみこんである絵もすばらしいもので、さすがは岸田劉生の父だということを感じさせます。江戸時代にこれだけの文章道を切り開いた人なので、やがてこの人は日本最初の新聞をつくるのです。

ここに引用した文章は、目に見えたことをごく普通の言葉で楽々と書いている。幕末に日常の言葉でこのような文章を書くことができたんだから、いま、百十年先に読むに耐える文章を書くことも、少なくともわれわれの実行の範囲のなかにあるはずです。

ところが、実際に自分の書いた文章、たとえば日記を読みかえしてみても、二十年ぐらい前のものでも、すごく古びている。しかし、岸田吟香の場合には、百十年前に書かれたものが、古さを感じさせず、いまの人も楽に読むことができる。これはたいした文章の実例だと思います。

〈例文5〉

「チンピ」

柔かい幼児の胸をぬっと出させて「チンピチンピ」と抓《つ》ねったり「大根おろし大根おろし」と擦《さす》ったりするのが、大人が子供を喜ばせる時の遊びだったが、今はこんなことをするお爺《じい》さんがあると、子供が目を丸くする。チンピは、「陳皮」でむかし蜜柑《みかん》の皮を薬にする時のキザミ方を真似《まね》たもの、大根おろしは今でも台所でやるおろしガネで大根おろしを拵《こしら》える時の真似である。子供が皮膚へ軽い刺激を受けるので喜んだものだ。そういえば、今は「かいぐり、かいぐり、とっとのめ」をするような児もいなくなった。義太夫芝居の「酒屋」を観《み》ると、この見本が遺《のこ》っている。小さいうちに、手の関節の運動訓練をするのだと言って、昔の親はよく子にやらせた。額《ひたい》をピシャッと叩《たた》くと同時に、ペロリと舌を出して幼児に見せ、出した舌を咽喉《のど》の皮をつまみながら音を立てて引ッ張り込むような律動的遊び方も、大人がしなくなった。大人がみな忙しいせいだろうが、子供はさびしかろう。

新聞記者が書いたやさしい文体

これは秋山安三郎という人の文章です。明治十九年生まれで、昭和五十年に八十九歳で亡くなっている。八十九歳のときにも朝日新聞に劇評を書いている。最後まで現役の記者としてつらぬいた人です。この人も早くから、古びない文体を開発した人です。

なぜ、こういうふうにできたかといえば、一つには小学校しか出ていないことにもよる。岸田吟香は小学校さえ行っていない。

明治時代には小学校を卒業しただけでも新聞記者になれた。新聞記者になるのに入社試験が大学卒であることを条件としなかった。このことが大記者を生んでいるので、岸田吟香にしろ子母沢寛にしろ、長谷川伸にしろ、みな有力な新聞記者だが、この人たちは小学校卒か中退の学歴の人たちです。

いまはそういう名記者といわれる人たちは出てこない。

ですから、もとにかえって新聞記者が書いた平明な文体として、例文「チンピ」を読んでください。

引用した文章の末尾。「子供はさびしかろう」――無理な奇抜なことを言って落としていない。これは紋切型の表現を、さらに紋切型の方向へグッと押しつめてゆけば活路は開ける、というタイプの文章です。いまの週刊誌の文体ならもう少しひねるでしょう。だけど、最後、落とさないほうが文章の格が上がるように私には思える。

〈例文6〉

報道班に属していた民間人通訳が一人いて、彼の体験はこうであった。彼は中国人のなかにはいって、純中国的に暮らしていた。敗戦の報をきいたとき、彼は、これでもう太陽がふたたび上ることはあるまい、と思ったそうである。そして寝た。翌日、目がさめてみると、太陽はまたも上っているではないか。

この話は、彼が報道班へ来たとき、笑いながら私たちに語ってくれた事実談である。私も笑いながらきいたが、だんだん笑えなくなった。侵略者に自由はない、ということをこれほど痛切に私に教えてくれたものはなかった。彼は純真な青年で、日本の国策便乗型の専門学校を出ているのである。中国人のコドモを自分の子のようにかわいがっていた。将校とはよくケンカした逸話の持ち主である。

終戦後、間もなく、私は営内の医務室へいった。いつものように、患者がむらがっていた。若い、幹候あがりの軍医が、突然どなった——おまえたちのような弱い兵隊がいるから、戦争に負けるんだ。その声は、どなったというより、うめき声に近かった。「敗戦」というコトバをそのとき、軍隊ではじめてきいた。軍医は、ひとりでどなっているが、兵隊は黙々としている。軍医の孤独の心が私にしみていった。兵隊たちにもしみていったにちがいないが、兵隊は無表情であった。

しかし、将校のなかには、もっと上わ手がいた。これは私の元中隊長である。私と前後して、大隊本部付きとなり、さらに旅団の参謀になった。東京郊外の有名な神社の神官の息子で、大学を出ている。私はこの男から、入隊早々に、帯剣でなぐられ、土手の上からつきおとされた。中隊長が直接兵隊に手を加えるなど、普通はないことだが、この男は横紙やぶりのところがあって、それを平気でやった。その横紙やぶりのところが私はすきだった。しかし、偏執狂的な残忍なところはきらいだった。彼は、二等兵の私を作戦のときいきなり命令受領に任命したりした。

終戦後も、軍隊の規律は急にはくずれない。ある朝の点呼のとき、彼が当番士官であった。彼はマントをはおって（夏だからマントはおかしいが、私の記憶ではそうなっている）整列の前にあらわれた。そして例によって軍人勅諭の斉誦になると、彼は異例なよみ方をした。

「我国《わがくに》の稜威《みいつ》振《ふる》はさることあらは汝等《なんじら》能く朕《ちん》と其憂《そのうれい》を共《とも》にせよ」

これは私にショックであった。単なる修辞として何げなくよみ過していた勅諭に、この緊迫《きんぱく》した表現がふくまれていたことを知って、明治の精神を改めて見なおした気がした。

しかし、この将校が私にこっそり「民主主義とは何か」とたずねたときは、私

はユカイになった。私は「五ヶ条御誓文」を引用して、自分でも不確かな民主主義の定義を説明してやった。（一九五三年八月）

事実の描写だけにとどまらない

これは竹内好の「屈辱の事件」という文章の一節です。竹内好は明治四十三年生まれで、二年前、昭和五十二年三月に亡くなりました。引用した部分には敗戦直後の見聞が書かれてあります。

「我国の稜威《みいつ》振はさることあらは汝等能く朕と其憂を共にせよ」の部分が意外だったのは、竹内はいつも自分が読んできた文の中の全然知らないものがパッと立ってくる感じがした。私もそうですが、私より十二歳上だった竹内好の年代では、日本の国家はいつでも威張っていた、というばく然とした印象があったからです。

明治天皇はいつでも威張っていて、自分たちの国家は天壌無窮だとか、天地とともにきわまりなく栄えるとか、そんなことをいっていたものだと思っていた。ところが、明治の初期の明治天皇はそうではなかったし、明治天皇のまわりにいた側近たちの気分もまたそうではなかったんですね。この国はうまくやっていけるのかしら、つぶされてしまうんじゃないだろうか、という危機感を側近の人たちはもっていた。その気分はもちろん明治天皇にも伝わるし、この勅諭を書いた西周《にしあまね》にも伝わっていたんでしょう。

そういう雰囲気がこの文章にはでている。「我国の稜威《みいつ》振はさることあらは汝等能く朕と其憂を共にせよ」——もし自分のやったことが失敗して、この国がだめになったときは、それでも自分と一緒にやってくれ、といった情けない気持が、天皇から国民への訴えとしてここにはある。戦中、この勅諭を読んだり、聞いていたにもかかわらず、気がつかなかったのが、日本の降伏の後に中隊長が読む勅諭のなかで気がつく。なるほど明治の国家には、自分が考えていたよりも意外なところがあったんだなあという、国家形成のリズムが伝わってくる。

これは目前のことを自分の体験で見るというだけじゃなくて、明治維新から国家創造という日本の歴史的な体験のリズムとして、自分に伝わってくる。だから、敗戦の日がどうだったかという事実の描写だけにとどまらず、日本の精神史そのものになっている。そこが私にはおもしろい。このような文章を書ける人が、戦後ものを書いてきた評論家、学者のなかでどれほどいたか疑わしい。

〈例文7〉

はじめに――――――――――――――――――――おすぎ

やっと念願の私達の本を出版することができまして喜ばしいことだと本人達は思っております。何分、世間知らずに育ったものですので文中多くの方達に実名で登場させていただきました。何人かの方達にはご不快な想いをなさると思いますが、「月夜ばかりぢゃないョ」ということを二人とも覚悟をしておりますので、そんな感情を万一、おもちになられましたら、率直にご批判とご助言をいただきたいと思っております。

対談を文字に表現するということは大変読みづらいものですがスタッフの努力でかなりの線までいけたもの、とわりかし自画自賛しています。しかし、採録したのが二ヶ月も前のことなので、本が店頭に並ぶまでに、今まで会う機会がなかった方とお会いし、私の感情に変化をきたした事もございます。特に沢田研二さん、ジュリーはつい先日お会いして、あまりの〝美しさ〟にド胆《ギモ》を抜かれ、その日から大ファンに変貌《へんぼう》してしまいました。本文のジュリーに対する罵詈《ばり》雑言《ぞうごん》を平《ひら》にお許し下さい。なお、文中、敬称を略させていただいております。では、まず一ページからお覚悟のほどよろしくお願いして、楽しんでいただけたら……。でも、なんだか怖《こわ》い。

78・12・2

この本の筆者はおすぎとピーコ。この文章には、ある種の誠実さを感じます。文章を書くときに、まず思いつきという段階がある。思いつきというのは自分の肉体とか経歴からあらわれてくるもので、そこで文章のもつべき特質として誠実さが挙げられるのです。やはり自分の肉声が伝わらなくてはいけない。私が考えている誠実さというのは、まじめだとか、酒を飲まないとかいうことではなくて、この文章のような場合なのです。その誠実さを推し進めていくと、次の例のようになります。

まず最初の例文から。(『母の友』一九七七年三月号)

ものすごい大発見だと思って、熱中して子供が言っている。おかあさんの表情がわからないのが残念なんだけど、おじいさんは何ともいえず恥ずかしそうな顔ではにかんでいる。子供の誠実さがあらわれている名文です。

おふろ

T・K　大阪府堺市　三歳

おかあさん
おじいちゃんは
男の子だったよ

記録―S・K(母)

二番目の例文。(『母の友』一九七七年四月号)

雲が何となくどんよりしている感じのことを、こういうように表現したんでしょう。ここにはお仕着せでもなく、紋切型でもない思いつきの自由がある。その発想の誠実さがそのままフ

くもり

H・Y

愛媛県松山市　四歳

きょうの　おてんき
力が　たりないよ

記録—K・Y（母）

イクションになっています。

大人になった以上、知恵の実を食べていますから、「おかあさん、おじいちゃん男の子だったよ」——これとおなじような誠実さをもっては書けません。だけど、何となくこういうものを自分のなかにとり戻して書いていく、ということを理想にしていきたい。

発想、思いつきというところでいえば誠実さ、自分の経歴と自分のからだの重みが、全部その文章にかかっているという感じがします。この子供の文章もそうですし、竹内好の文章もそうだと思う。

竹内好の文章はだいたい抽象的ですが、その文章に対して自分で責任をとるという感じがつねにある。だけどそれだけだと、右翼的な、心情の右翼になってしまう。それを限定する力がある。ナショナリズムだけでつっ走っていかないで、それを状況のなかにちゃんとおいて、これはこれだけのものとして見る力がある。敗戦直後軍国主義は倒れた、ざまあみろとはならないし、その困難な状況のなかで、自分を帯剣でぶんなぐったことのある中隊長が読んだ勅諭から、明治の精神までさかのぼることができる。

おすぎとピーコの文章の場合には、自由に子供的な感じがパアッと躍動している文体で、これをさらに押し進めてゆけば、二つの子供の書いた文章のような方向にいく。道化的なものにいく。これらはいずれも自分の経験したことに触れて書いているのですが、かなりの水準に達している。

以上四つの例文は、私にとっては重要な、いい文章の目安としておいているものです。

結びの文章を工夫する

提出していただいた文章について、見ていくことにします。

自責はさりげなく

〈作文6〉――N・T

誤り

英語をならう子供たちが、英語と日本語両方で録音された物語をきいて、感想文を書いてくることがある。十歳前後の子供たちに多いのだが、逆《さか》さになったり大きかったり、小さかったりするアルファベットで、その物語の題を書いてくる。

どの字も黒々としていて、鉛筆に力がこめられているのがわかる。

ところが、二十歳前後の人たちは、物語自体の外国語（四か国語のいずれか）をすぐにおぼえてしまうが、題を正しく書けない。日本語でさえ、その物語の題を正しくいえない場合がある。物語の正門、表題をうかつにすり抜けてしまうのだ。十歳前後の子供たちのほうが、その物語に対する礼をそなえている。

子供たちは「ことば」に対してのおごりがない。手本であるその物語の文章を、ある子がちがっていたりすると、幼児は笑い出したり、文句をいったりする。間違いを指摘するいちばん厳格な人が幼児なのである。

日頃このことを念頭においている私が、大きい人たちと同じ誤りをしてしまった。文章教室で「書評」の原稿を返してもらった時、表題に朱筆が入れられていた。それを見た瞬間、強烈なビンタを受けた。千二百字のその原稿は、もう存在しないものとなってしまった。その誤字は、明らかにその文章を書いた者の人間的欠陥をあらわしている。

文字に厳しくむきあうのが、第一の心得であるのに。誤字と朱色の正しい字を見つめながら、この許されない誤りは、何十年という文字とのつきあいが、すべて無意味なものにもなるということを語りかけていると思った。

「また間違えた」「どこか抜けているんだから」「これからは気をつけようね」これからはということばが、育つ子供たちの世界にはある。しかし世間に顔をむけている大人の世界では、言い訳はゆるされない。

文章という鏡が、これほどまでに厳しく澄みわたったものであるということを知り、自省の念にかられている。

〈講評〉

「英語をならう子供たちが、英語と日本語両方で録音された物語をきいて、感想文を書いてくることがある。十歳前後の子供たちに多いのだが、逆さになったり大きかったり、小さかったりするアルファベットで、その物語の題を書いてくる。どの字も黒々としていて鉛筆に力がこめられているのがわかる」

まずここまでいえば、傍点をうちました部分はいい文章だと思います。ここでパラグラフが終わりますが、イメージがはっきりしている。

その少しあと、「十歳前後の子供たちのほうが、その物語に対する礼をそなえている」

ここでは、「礼」という言葉の使い方がいい。ちょっと奇抜だし、たいへんきいていると思います。思いつきの段階での誠実さがある。あまり奇抜になると、こんどはわかりやすさが犠牲にされて、訴えの段階で困るのですが、「礼」というこのぐらいだったら、訴える力をそこなわないというふうに感じました。

「日頃この事を念頭においている私が、大きい人たちと、同じ誤りをしてしまった」から後は、最後まで自責の文章です。全体として四百字二枚の文章のうち、二分の一強が自責に対して捧げられている。私は自責というのは、さりげなく一行で入れるほうがいいような気がします。自分を責める言葉は、もっとさりげなく、短くあってほしい。

なぜなら、語学教師はまじめに考えればものすごくむつかしいものなんです。この文章は間違い、といいきるためには、たいへんな文例を覚えてなくてはいけない。普通の語学教師にとうていできることではない。これは間違いだと指摘すると、逆にそれが間違いである可能性はものすごく大きい。

私が中学一年のとき、同級生の一人が英語のリーダーを読んでて、オフテンって発音した。そうしたら、英語の教師がその生徒をものすごくバカにして「これからは君のことをオフテン・ボーイと呼ぶことにしよう」と言った。オーフンというのが正しい発音であると、その教師は思いこんでいたのですが、それは冨山房の英和辞典がそうなっていたからです。

それから二年たって、私がアメリカに行って、寄宿制の学校に入ったら、みんなオフテン、オフテンと発音している。先生に、オーフンという発音はどうですか、と聞いたら「それもいうけど、それは略式の発音だ。オフテンのほうが格式がある発音で、オーフンは略した形だ」と言った。

そんなものなんですよ。外国語教師って恐ろしいものですよ。いろんな発音があるんですから。日本語だって恐ろしいですよ。繰り返し間違いをしている。書き違いもすごく多いはずです。

だから、こんなに反省する必要はない。二枚の原稿のうち一枚以上が反省というのはおおすぎます。そのためにかえって、紋切型に陥っている。ことに文尾の「自省の念にかられている」は紋切型です。

動詞を大切にする

〈作文7〉——K・N（主婦）

スペインの影

フラメンコは優雅で上品なものとはいえない。派手な衣装をまとい、ギターの伴奏で踊る扇情的な踊りとされている。

スペインのアンダルシア地方の古い民謡の流れをくむフラメンコは、ジプシーによって道端の土の上で踊り伝えられてきたので、貧しさや、悲しく暗いイメージがつきまとう。とくに、スペインに住むユダヤの囚人たちの慰めであったのが、十九世紀半ばになって、一般にひろまったといわれる。

ほの暗いタブラオ（酒場）の中、美しすぎる踊り子が、床にたたきつける靴音、いくえにも重なり合った原色の花びらが、生き物のようにうねり、はね返り、こぼれ落ちそうになっては、魔法にかかったようにピタリと止まる。カスタネットが誘う、精悍《せいかん》なギタリストは、踊り子の足元を見つめ、よろこび、苦悩、しっと、後悔、次々に移り変る感情のはげしい動きを、華麗な指さばきでかき鳴らす。歌い手は、はらわたからしぼり出すような声で、たかく、ひくく、悲しい結末へと物語ってゆく。

スペインは、目と耳と肌から、せき止めることのできない勢いで、迷いの淵におぼれかけていた私の中にとびこんできた。スペインから舞踊団が来れば、囚われの身となったように、劇場へ吸い込まれていった。一人、部屋にこもり、好きな弾き手のギターのレコードを、魂がぬけてしまうほど聞きもした。自分でも弾きたくなって、ギターを手にしたが、応《こた》えてくれる相手ではなかった。私にとってギターは、ただの板と、退屈な弦でしかないことを、三年かかってわからせてくれた。

フラメンコは、趣味としてもかなり特殊なものだと思うが、日本人で好きな人は意外と多い。だいたいが、感情の抑圧を強いられた人の陥りやすい、魅力に満ちた落とし穴のようでもある。二十代の終り、青春のもえつきる頃、スペインは遠くなっていた。一つの愛を脱皮して私も現実の中に生きていた。スペインも、フラメンコも、今は白い額縁の中の絵となって動かない。

〈講評〉

「フラメンコは優雅で上品なものとはいえない」このすべりだしの部分は、おもしろいと思います。

その次のフラメンコのとり上げ方もすごくおもしろいし、人に伝えるに足る角度だと思う。しかし、形容詞が多すぎる。形容詞をたくさん使うと、その形容詞が紋切型になりやすいのです。わずか一枚の原稿用紙のなかに「優雅で上品な」「派手な」「扇情的な」「悲しく暗い」「ほの暗い」「美しすぎる」「精悍な」「はげしい動き」「華麗な指さばき」「悲しい結末」と、これだけの形容詞が目につきます。

紋切型から離れるためには形容詞を惜しんで、数少なく使う。動詞を主に使って書く。動詞を重んじるやり方が健全なんです。

ヨーロッパ語の場合だと、動詞と名詞を主に使い、動詞の受身の形を使わない、ということが文章を書くときの最も初歩的なやり方です。日本の現代語の場合は、名詞というのはくせものなんです。名詞のなかにたくさんの抽象名詞がある。ヨーロッパ語から漢語を使って置きかえたものでしょう。そのため、名詞がなじんでなくて、名詞を使うことで、われわれの日常の感覚から別のところへいってしまう。それがこわい。

私は日本の現代語の場合には、名詞に対して、もう少し吟味する必要があると思います。動詞を主に、形容詞は数少なく、効果的に使う、そのことを通して紋切型を避けるというやり方がいいように思う。

「スペインは、目と耳と肌から、せき止めることのできない勢いで、迷いの淵におぼれかけていた私の中にとびこんできた」

ここでは、後の形容句が前の形容句の足をひっぱっている。「せき止めることのできない勢いで」ここまでを受け入れるとしますと、次の「迷いの淵におぼれかけていた」がぐあいが悪い。足をひっぱられてしまう。「せき止めることのできない勢いで」は「私の中にとびこんできた」にかかる。ところが文章の構造上「せき止めることのできない勢いで、迷いの淵におぼれかけていた」と読める。そうすると、意味が二つの可能性をもってくる。普通は近いほうの意味、前のほうにかかるので「せき止めることのできない勢いで、迷いの淵におぼれかけていた私」というイメージができてしまう。これは避けなければなりません。

ここは「迷いの淵におぼれかけていた」を削るほうがいい。これがあるために、前の形容句がとまどい宙に浮いてしまう。その少し先、「自分でも弾きたくなって、ギターを手にしたが、応えてくれる相手ではなかった」

この相手というのはギターでしょうか。意味不明ですね。

「私にとってギターは、ただの板と、退屈な弦でしかないことを、三年かかってわからせてくれた」

この部分も、文章の構造上ちょっとおかしい。「ギターは……わからせてくれた」

より、ここは「ギターは、ただの板と退屈な弦でしかないことが、三年かかってわかった」ではないでしょうか。なるべく不必要な複雑さを避ける文章にしたほうがいい。受身はなるべく避けて、どうしても受身形にしなくてはならないときにだけ使うようにする。

最後のところ、「二十代の終り、青春のもえつきる頃、スペインは遠くなっていた。一つの愛を脱皮して私も現実の中に生きていた。スペインも、フラメンコも、今は白い額縁の中の絵となって動かない」

ここで「……スペインは遠くなっていいた。……私も現実の中に生きていいた」と「いた」で終る二つの文章が続きますが、これでは「いた」が効果的に使われていない。どちらかを変えるほうが、文章を際立ったものにします。「二十代の終り、青春のもえつきる頃から、スペインは遠くなった。一つの愛を脱皮して私も現実の中に生きていた」としたらどうでしょう。語尾を変えたほうが、なだらかになり、それぞれの文章が訴える力をもってくると思います。

最後の結びは「……絵となって動かない」と現在形でとめているので、これはすっきり終わっていていいと思います。同じ単調な文尾で、ずうっと押していいときもありますが、ここは明らかに強調したいところですから、文尾に注意して変えていくほうがいい。この場合は、終わりを現在形に変えて、それでとめてあるので、印象があざやかです。

コントラストの妙

〈作文8〉――N・H（編集者）

TVゲーム

ブロックで、TVゲームにはもうあきたと思っていた。「映画の始まるまで時間があるから、お茶でもつきあってくれない」桜橋の喫茶店で彼女と会うことになった。TVゲームの喫茶店への進出はこのところすさまじい勢いで、大阪の繁華街では置いていない店のほうが少ないぐらい。ぼくが行くと、彼女はテーブルをふるわせながらインベーダーを打っていた。つい最近、一回クリアーしたとかで「このイカ（インベーダーのこと）死ね」なんてわめきながらやっている。もうあきた、と思っていたＴＶゲームだが、ついついつきあいで二、三回やりだすとこっちまでアツくなってきた。典型的なＴＶゲーム病の始まりだ。二人で三千円も使っただろうか。

くやしい、という感情がＴＶゲームを支えていると思う。ブロックではタマを受けそこねたとき、インベーダーでは敵船に自分のミサイルが撃たれてしまったとき。ズズーンというプラスチックな音とともに破片と散るミサイル。ハンドルをあやつる技術のまずさの自覚が、どっとこみあげてくる。

パチンコに負けて店を出るときのあの感情。くやしい、というよりはむなしいというか、入口の玉売りのおねえちゃんの視線がいたたい。うでがわるいせいも、もちろんあるだろう。それ以上に、釘を調整し、いい台とわるい台をあらかじめわけてしまった人間に負けた、という思いがつよい。玉を買って台につくとき、もう勝負の公平さはない。

いったんルールを決めてしまえば、ＴＶゲームは自分だけの戦いだ。点数がどれだけわるかろうと、責任ははっきり自分にあることを納得できる。ゲームを位置づける技術の基準が明確である。パチンコはひとりでするものであり、TVゲームが複数でも楽しめるのは、得点というゲームの結果に嘘がないことを、互いに了解できるからだろう。この頃、事務所の会話は、何点だしたで始まっている。

〈講評〉

「ブロックで、TVゲームにはもうあきたと思っていた」

この最初の文章は、不鮮明なような気がします。「ブロック」というのは一つの術語であって、その言葉になじまない人は、ここで最初にちょっとはねつけられる。同じ趣味をもち、同じ経験をもっている人にとっては、すらりと入れるが、そうでない人には「ブロック」では通じない。そういう意味で誠実さはあるけれども、誠実さは小さな射程しかもっていない場合もあります。

もっと広がりをもって読者を考え、TVゲームなど見ない、やったことのない人、四十代、五十代の読者をも想定すれば、「ブロックで」というのはなくしたほうがいい。「TVゲームにはもうあきたと思っていた」これだけで始めるのがいいのではないでしょうか。

そのあとの文章は、短いけれども一種の照応、響き合いがある。「このイカ死ね」というのと、「くやしい、という感情がTVゲームを支えていると思う」というのが、ルフラン（繰り返し）になっていて、一種のリズムをつくり、快い感じをもたせます。「ブロックではタマを受けそこねたとき、インベーダーでは敵船に自分のミサイルが撃たれてしまったとき。ズズーンというプラスチックな音とともに破片と散るミサイル」

ここの「ブロックでは」は、脈絡が与えられていて何のことを言っているかわかりますから、自然にすうっと読める。「プラスチックな音」については、語源を調べてほしい。

プラスチックという言葉は、形がすぐに変わりやすい、柔らかい、可塑的なというのがもとの意味ですね。そこからプラスチックという物質の名になる。

ここで、「プラスチックな音」というのは、「プラスチックの物質がたてやすい音」

というほどの意味で使っているのでしょう。しかし、言葉はもとの意味や使い方まで頭の中に入っていて使うときに楽々と使えるもので、そうでない場合はちぐはぐな感じになる。この「プラスチックな音」というのは、言葉の使い方としては適当とは思えません。

「ハンドルをあやつる技術のまずさの自覚が、どっとこみあげてくる」の「どっと」は効果的かどうか疑問です。紋切型に近い感じもある。「どっと」は取ったほうが、すっきりあがるんじゃないでしょうか。

「パチンコに負けて店をでるときのあの感情。くやしい、というよりはむなしいというか」

ここでもとのテーマにかえっての繰り返しですが、いくらかバリエーションになっている。リズムがつくられています。

「入口の玉売りのおねえちゃんの視線がいたい。うでがわるいせいももちろんあるだろう。それ以上に、釘を調整し、いい台とわるい台をあらかじめわけてしまった人間に負けた、という思いがつよい」

このあたりは、うしろに広い景色が開けているという感じがします。人生はこういうものだ、社会はこういうものだという、社会全体の姿が背景になっている。いい感じの文章だと思います。

「玉を買って台につくとき、もう勝負の公平さはない」

選別されている社会ですからね。旧帝国大学出てなきゃ、どうにもならないんだなあという感じまで、ここへかぶさってくる。

「いったんルールを決めてしまえば、TVゲームは自分だけの戦いだ」

ここで転調になって、いままでと違う見方をとる。コントラストの妙があります。そして最後は現代の職場風俗までもってきている。

八百字の短い文章の中で、コレスポンダンス（照応）とコントラスト（対照）、それが交互に生きていて、リズムをつくり出している。おもしろい文章だと思います。

正義感がでると重くなる

〈作文9〉——H・M（会社員）

京都書院の人達

はじめて京都書院の争議を知ったのは昨年十一月、争議がはじまってから一か月程たったときだった。京都書院につくられた労働組合を潰そうと画策する経営側に抗議し、夕方五時から七時まで、京都書院河原町店の入口付近で座り込みをしているのだという。

この本屋は僕が好きな本屋のひとつだ。大きさ、品揃えの豊富さということならば駸々堂京宝店があるが、本のバーゲン市という雰囲気で好きになれない。値引きということなら大学生協書籍部だが、一割引きのためにわざわざ出向くのは億劫である。そこに行くのがなんとなく楽しい場所、一時間でも二時間でもそこで本を立ち読みしたくなる場所、それが京都書院河原町店なのだ。

世の中には、書店は楽な商売だと誤解している人が多い。たしかに立地のよさだけで商売している書店は、商品知識も販売努力も不要という点では楽であろうと思う。なにしろ本は問屋にあたる取次が自動的に送ってくるし、客は勝手に選んで買っていく。そのうえ売れ残れば返品すればよいのだから、ジジババ商売と陰口をたたかれるのも無理はない。

しかし京都書院がそうであるような、そこに行くこと自体を楽しめる書店をつくるのは、それだけに余計にむつかしい。本は二十万点も流通しているし、取次からは、毎年二〜三万点も刊行される新刊が一方的に書店に送られてくる。その中でその店の読者に合った本を選び出し、分類し展示する。これは並大抵のことではない。気骨のある玄人の商売人でないかぎりつとまらない。イキなインテリアとディスプレイ、それにチャーミングな店員さえいれば事足れりという風潮の中では、馬鹿馬鹿しいほどにしんどい仕事である。

こういう作業は、書店で働く人々の中でもちょうど京都書院の前に座り込んでいる人達のように、若い低賃金の身分保障すら不安定な労働者の、本への情熱によって支えられている。彼らが充分に報われる日が待ち遠しい。

〈講評〉

書き出しのところは、少し頭が重い。イメージをつくるのには、ちょっと足りない感じがします。そのあとの、「この本屋は僕が好きな本屋のひとつだ」というのは、すっきりして、イメージがつくれる。頭の文章は、なるべく重くないほうがいい。

「世の中には、書店は楽な商売だと誤解している人が多い。たしかに立地のよさだけで商売している書店は……」

ここに「立地」という術語が使われていますが、私は術語は避けるほうがいいと思う。「場所のよさだけで商売している書店は」でいいでしょう。なるべく日常語に近い普通の言葉で書くことが重要です。

「しかし京都書院がそうであるような」

これは翻訳調ですね。「京都書院のような」で、いいのではないでしょうか。

「そこに行くこと自体を楽しめる書店をつくるのは、それだけに余計にむつかしい」

ここは「それだけに余計に」を取ってもいい。「しかし京都書院のような、そこに行くこと自体を楽しめる書店をつくるのはむつかしい」としたらどうでしょう。

「若い低賃金の身分保障すら不安定な労働者の、本への情熱によって支えられている」

このように正義感が出てくると、ちょっと重い文章になります。正義感と軽さというのは、背反するところがある。「身分保障すら不安定な、若い低賃金の労働者の」と、ちょっと入れ変えれば、いくらかはいいような気がします。

「彼らが充分に報われる日が待ち遠しい」

この「充分に」も、削ったほうがいい。なるべく単純化して、強調しないほうが効果があります。秋山安三郎の文章（例文5）で見たように、終わりを強くしないほうがかえって利く。

この文章はとてもおもしろいと思ったのですが、書き出しが重いのと、正義を言おうとして重くなっているのとで損をしている。正義を通そうとすると重くなるというのは、つらいところですね。

むつかしい言葉を避ける

〈作文10〉――H・U（美容師）

私の体験

日本人やアメリカ人のマナーを、「車夫馬丁」のそれだと云ったのは、夏目漱石であった。車夫であろうと、馬丁といわれようと、ヨーロッパから、はじめてアメリカの土を踏んだとき、私はアメリカ人の明るさ陽気さに、蘇生の思いをしたことがある。

「ふらんすへ行きたしと思へども、ふらんすはあまりにも遠し」と詩人に謳われた彼地の首都は、はじめての旅人には、冷たくすましこんだ土地であった。当時、未だ珍しかった視察団と称した観光旅行の一行と別れて、パリに舞い戻った私ども夫婦は、マドレーヌ界隈の小さな〝はたご〟に旅装を解いた。数か月の滞在費と交通の便利さから選んだが、如何にもわびしいホテルであった。なじみのない部屋の臭いに、まず辟易させられた。ベッドは寝返りを打ったびに悲鳴をあげていた。唯ひとつの救いは、毎朝七時頃、きまって窓の下を古風な手押車のアコーデオン弾きが、シャンソンを流して通った。夢とも、うつつともなく聞こえてくるメロディーに、〝パリに居るのだな〟という思いをかきたてられた。

この宿にいる間、私も妻も、突発的な病気に見舞われた。医者を求めて深夜の巷をさまよったりしたが、最後にはホテルを変わった。

紹介状も持たずに飛び込んで来た旅人には、同業者も、はじめは冷たかった。八度目の訪問でやっと会ってくれたGに、すっかり気に入られ、Gの紹介でようやくパリの同業の世界が私どもの前に開かれた。パリを発つ十日程前だった。

「いい仕事じゃないか、よい旅を!」鞄を開けもせず通関してくれた黒人税関吏の声をあとに一歩この国の土を踏みしめた時、「パーン」と辺りの空気を裂く音が、澄み切った青空に消えて行った。ドッと人々の笑いが起った。〝アメリカだ〟安堵《あんど》に似た感情が私の全身を柔かくつつんだ、一九六〇年、私の最初の海外旅行だった。

〈講評〉

「ふらんすへ行きたしと思へども、ふらんすはあまりにも遠し」という萩原朔太郎の詩が引用してありますが、八百字の短い文章の中で引用を入れるとすれば、相当に注意して、必要なものだけにしたほうがいい。私はこの詩が必要かどうか疑わしいと思う。

「彼地の首都」というのは、使ってもかまわないけれども、いささか古風な表現です。「彼地」には、振りがなをふったほうがいいでしょう。

「当時、未だ珍しかった視察団と称した観光旅行の一行と別れて、パリに舞い戻った私ども夫婦は、マドレーヌ界隈の小さな〝はたご〟に旅装を解いた」

これは頭が重い文章ですね。こういうふうにしたらどうでしょう。

「当時、未だ珍らしかった『視察団』（いまの観光旅行を当時はそう呼んだ）の一行と別れて、パリに舞い戻った私ども夫婦は、マドレーヌ界隈の小さな〝はたご〟に旅装を解いた」

これで、いくらか頭へ入りやすくなると思います。

「数か月の滞在費と交通の便利さから選んだが、如何にもわびしいホテルであった」

この文章は、論理的な意味で困るところがある。「数か月の滞在費」と「交通の便利さ」というのは論理的に同格ではありません。論理の運びとしては少し無理な言い方なのです。それが気になって、頭の中に暗雲が生じてしまう。

「滞在費が数か月分しかないので、安いわりに交通の便利なこの宿を選んだのだが、如何にもわびしいホテルであった」

　このようにしたらどうでしょうか。

「唯ひとつの救いは、毎朝七時頃、きまって窓の下を古風な手押車のアコーデオン弾きが、シャンソンを流して通った」

　これは「唯ひとつの救い」が主語であるとすれば、「救いは、……通った」となって、救いが通ることになる。ところが、「通った」には「アコーデオン弾きが」というもう一つの主語があるので、ぐあいが悪い。だから、「唯ひとつの救いは」を残すとすれば、終わりのところは「アコーデオン弾きが、シャンソンを流して通ることだった」とすべきです。

「夢とも、うつつともなく」は、「夢ともなく、うつつともなく」でしょう。

「ホテルを変わった」という言い方は、いまの日本語の許容の範囲内にありますが、

「ホテルを変えた」と、自動詞を他動詞にしたほうが自然です。

「紹介状も持たずに飛び込んで来た旅人には、同業者も、はじめは冷たかった」

ここは「紹介状も持たずに飛び込んで来た旅人に、パリの同業者は、はじめは冷たかった」とすべきです。なぜかというと、これは二つの世界をともに書くわけで、アメリカを書き、フランスを書くのですから、ある程度説明していかないと、頭がこんがらかってくる。もういっぺん、ここがパリだということを入れておく必要がある。「旅人には」の「は」はいりません。「パリの同業者は、はじめは冷たかった」としたら、そのあとの「ようやくパリの同業の世界が」の「パリ」は削って、「ようやく同業の世界が私どもの前に開かれた」。

しかし、ここはアメリカの明るさと対照するのですから、「開かれた」にすると、それじゃ結局は受け入れてくれたんじゃないか、ということになる。だから「開かれたのだが」と、もういっぺん否定しなくてはなりません。「開かれたのだが、それはパリを発つわずか十日程前だった」とすれば、アメリカとのコントラストが生きる、そうしないと、転調のめりはりがきかなくなります。

このあとでもういっぺん場面転換していますが、ここでは、そのことを読者の頭の中に入れなくてはならないのに、それがない。「いい仕事じゃないか」とあって、これはパリだと思って読んでいると、アメリカのことなんですね。ここは文節のはじめに、「その厳しいヨーロッパ旅行のあとで」と入れると、場面転換するんだなということが、読者の頭に準備できる。

「安堵《あんど》に似た感情が私の全身を柔かくつつんだ」

ここはかなりむつかしい言葉を使っています。こういう言葉を使うときが危険なので、紋切型に近づいているという感じがある。「私は一時に気分がくつろぐのを感じた」としたほうが、紋切型から離れていて、いいように思います。

紋切型から離れる

〈作文11〉――T・H（元大学職員）

最後の晩餐の彫刻

週一回、ニコルさんというフランス人のマダムの家に、フランス語の個人レッスンに通っていた時のことである。「ワタシ　コンナモノヲ　モラッテ　トッテモ　コマッテイマス。ドコニ　カザレバ　イイノデショウ」と、ニコルさんは私に言った。彼女が当惑した顔で私に見せてくれた物、それは見事なダヴィンチの「最後の晩餐」を模した彫刻であった。

彼女は日本人のお医者さんと結婚したての「パリジェンヌ程、プライドは持っていない」どこか田舎っぽい感じのするフランス人であった。彼女のお舅さんが、フィリピンへ旅行をして、お土産に問題の木彫を、彼女のために買ってきてくれた、とのことであった。当然、部屋に飾っておくべきであるが、気持が悪くて仕方がない、というのである。

お舅さんにすれば、カトリックの彼女に、「ありがたいもの」を贈ったつもりだったのだろう。しかし彼女にしてみれば、それは十字架にかけられる前の不吉なキリストの姿、そんなキリストにのぞきこまれているような、薄気味の悪さがあったのではないだろうか。

ヨーロッパ人には、常に「神に見られている」という意識があるらしい。教会は、願い事をする場というよりは、罪の許しを乞う場である。神と人間の関係は「契約」で結ばれた、厳としたものであろう。

日本人の神は、そんなにこわい存在ではない。神社にお参りをすれば、商売を繁盛させてくれ、良縁を授けてくれ、大学にも通してくれる。神は人間をたやすく受け入れてくれる寛大な存在である。

「最後の晩餐」の彫刻をもらって困っているニコルさんの顔を見ながら、私は、ヨーロッパ人を真に理解することの難しさを、そして、彼らの意識の底にある神への畏れの大きさを感じた。

次の週、ニコルさんの家にレッスンに行くと、その彫刻は、どこかへしまいこまれたのか、もう飾ってはいなかった。

〈講評〉

これはおもしろい文章で、内容に感心しました。たくまざるユーモアがあります。

気になるのは、最後の文章「私は、ヨーロッパ人を真に理解することの難しさを」の「真に」です。これをつけることで紋切型になっている。「真に」をとったほうが紋切型から離れられます。

「真に理解する」とか「心からお祈り申し上げます」というと、「真に」や「心から」がつくことで紋切型になってしまうのです。

終わりの「もう飾ってはいなかった」の主語は彫刻ですから、「いなかった」というのはおかしい。「なかった」でしょう。「その彫刻は、……もう飾ってなかった」とすれば、すらりといきます。

三　目論見をつくるところから

文章を書くことは選ぶこと

混沌から形へ

今回は、文の組み立て、構成についてお話しします。

初めに混沌から形をつくるという主題です。混沌を殺さないようにというのは、混沌には生命力があるからです。にもかかわらず、混沌をそのままに置いては文章はできないので、ある形をつくらざるをえない。

この混沌の話は中国の古典の『荘子』にあります。『混沌の海へ』という本で、山田慶児さんが『荘子』の話をマザーグースに似せて訳しています。それは『荘子』に紹介されている伝説で、山田慶児訳によると〈混沌が殺された。黄色い顔に七つの穴をうがたれて。だれが混沌を殺したか〉

混沌には目、鼻がないので、南北の皇帝が寄って目と鼻をつけて、混沌に穴をあける。混沌は死んでしまう。そういう寓話なんです。

文章を書くということは、いろんなことをたくさん言いたいことがあるなかから〈選ぶ〉ことです。〈選ぶ〉というのは、何かの形を与えることで、それが文章を書くということなんです。ですから、選んだものをまとまった形にする作業だが、そのときに形をあまり考えすぎて、まとまりをつけすぎると、われわれを生かしている生命の力、それがなくなってしまう。死んだ文章になってしまう。それが文章を書くことの中心にあるドラマです。

さりげなく始まって、さりげなく終わるというスタイルの文章を書く人もありますが、その場合にも混沌から形をつくるという問題を避けることはできない。文章を書くというのは、かならず選ぶということで、それはまた形をつくるということでもある。しかし、形のつくりすぎは混沌とした世界を殺す、という関係があります。

この〈選ぶ〉というのは、何ともいえず困ることなんです。いま見てきたことを書く場合でも、どういうふうにでも書ける、たくさんのことを含んでいる。自分の歩んできたことを書く場合でも、いまの時代についての場合でも、職業について書く場合でも、書くということは、その前にものすごくたくさんの数えきれないほどの可能性があるということで、困る。

アイデアのつまみ

二十年ほど前に、一つの方法を教えてもらいました。教えてくれた人は川喜田二郎さんです。

私が教えてもらった最も素朴な形は、小さな紙切れに書く、それがコツなんです。それまで、私は大きなカードに書いていた。大きなカードは字を小さくすればずいぶんたくさん書ける。そのほかにはノートにも書いていた。ある論文を書こうと思って資料を集める。それがノート三冊ぐらいになると、動きがとれなくなって、書けなくなる。ことにカードにもしないで、書物で集めて、一つのテーマについて、二百冊ぐらいの書物が集まると、その重さに負けて書けなくなる。資料でなくても、自分の記憶でもそれに負けて、押しつぶされて書けなくなる。

そのときにそれから脱けだす道筋は、小さな紙切れに書くこと。一つの紙切れには一つのことしか書かない。これが原則なんです。そうするとたくさんのことは書けなくなる。何を選んで書くかということです。この方法は川喜田二郎さんの名前をとって、K・J法といいます。一つのことを小さな紙切れに書くという、それが要領なんです。

その小さな紙に書かれた一つのことはアイデアのつまみなんです。小さく書くことによって、そのアイデアをつまんで動かす力ができる。ここが大きなカードとの違いです。何を自分は書くかを、小さな紙切れに書いていく。それを配列していって、ある順序にまとめるとだいたい書けるようになります。私はこの方法を二十年ほど前から続けています。それは、一つの文章そのものの目次みたいなもので、一つの本の目次によく似ています。

ジョン・ガンサーの方法

今回はみなさんが書きたいと思う目論見書《もくろみしょ》をつくって、提出していただきました。

何枚くらいの文章にするか、短いので二十五枚くらいから、三百枚までと、いろいろ形はありますが、三百枚なら一冊の単行本になりますし、二十五枚程度なら雑誌の論文という形になるでしょう。

雑誌論文を書く場合と単行本の場合では違うと、この両方を書いてきたジョン・ガンサーが言っている。この人は、内幕物を書いたアメリカ人のジャーナリストです。ガンサー自身『ガンサーの内幕』という本を書いていて、そのなかで述べていることなんですが、自分は雑誌論文をそのままけっして本にしなかった。なぜかというと、雑誌論文の組立てと単行本の組立ては全然ちがうからだ、という。雑誌論文の場合は初めがすべてなんです。書き出しがよくないといけない。初めの五行ほどで人の腕をとらえて引き寄せなければいけない。

雑誌は遊歩道で、そこにはいろいろな出店があって、大道芸人や香具師の芸がある。しかし、最初の一言がおもしろくなければ、人々は立ちどまってくれない。雑誌論文の場合も、最初の五行ぐらいがおもしろくないと、終わりまで読まないで捨てられる場合が多い。初めが肝心なんです。

単行本の場合は、お金をだしてその本を買うか、あるいはわざわざ図書館に行って読むかする。そうすると、始まりがよくなくとも、ゆっくり時間をかけて終わりまで読む。終わりまで読んで、読んでよかったとまとまりの感じが自分のなかに残らなければ、その本は困る。だから組立て方が全然ちがうんだ、という。

雑誌に書いたものをそのまま本にしなかったということが、ガンサーの職業の秘密だった。

落書きの効用

次に題名ですが、中身を隠すための言葉と現わすための言葉と二種類ある。どっちでもないようなのは中途半端になってしまう。

題名のあとに出てくるのは、本の場合だと目次であり、短い評論の場合には見出し。それのつくる一種のリズムが重要なんです。一つの文章からもう一つの文章に移る、そしてさらにそれが集まってくる文のかたまりからもう一つへ移る、その駆け抜けていくリズムが大事だと思う。

初めに資料に押しつぶされるようになり、記憶に押しつぶされるようになっているところから脱け出して書きはじめる。さらに書き進めている間に、自分の腕の運動というものがある。その腕の運動を支えるリズムが問題になってくる。そのときに手のひらのなかに、こういうことを書くんだというぼんやりした感じがなくてはいけない。手のひらのなかにある勘です。それが、二十五枚なら二十五枚、三百枚なら三百枚、ずっと続けられれば、終わりまで駆け抜けられる。

どういうふうにしてそのリズムをつくりだすか——一般的な法則があるのでしょうが、私の場合どうしているか、ということからお話しします。皆さんの生き方もスタイルもちがうから、それぞれ自分の場合はどうか、ということにずらして考えてほしい。

ルール・オブ・サム (rule of thumb) という言葉があります。親指で計って、これはどのくらいあるなとわかる。そこからきている言葉で、私はこれを私自身の体験上の規則、体験則という意味に使うことにします。

私自身のルール・オブ・サムはどういうものかというと、ある種の模様を落書きすることです。文字ではなくて、たとえば三角を二つ向き合わせたような▽△といった形を書く。これは一つの表現様式から、もう一つの表現様式への転移なんです。手のひらの感覚としてそういう簡単な図形をもっているということが、私には役にたつ。

文章を書くという領域とは全然ちがうことをしていて、ああ、こうやればいいんだなということがパッとくる。何か文章を書こうと思っても、すぐ書けないという感じになると、苦しまぎれに落書きをするんです。その落書きによって、ああ、これでいいという感じになる。何を書くときでも、だいたいそれに応じた落書きがまず決まって、それが書き終わるまでずっとついてまわる。いまでも覚えているものでは、こんなのがあります。

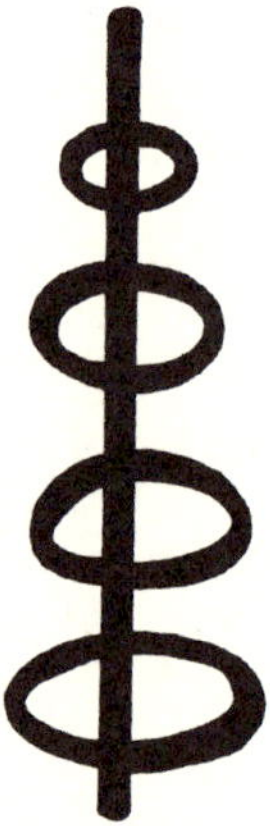

これは「日本的思想の可能性」という三十枚ほどの論文を書いたときの落書きです。

現状についてなにか判断、分析をしようと思った。下のいちばん大きい楕円が六〇年代とすれば、その上の輪が十五年戦争、その上が明治維新、さらにさかのぼれば「古事記」の世界。これらを重ね合わせて、三十枚で書こうと思った。この輪の大きさはスペースの問題です。

もう一つ、『私の地平線の上に』という三百四、五十枚の本を書いたときには、ちがう形の落書きをした。それは自分と阿部定を表わす図形でした。私は自分のこと、自伝はけっして書くまいと思っていたから、同時代のみんなが知っていることに対する自分の反応を書くことで、自分のことは伝えることができると思った。たとえば私の子供のころ、日本を震撼させた阿部定の事件、これに対する自分の反応を書いてゆけば、自分としては言いたいことを全部隠すところなく言えると思ったのです。そこで一つの落書きの形ができた。

『私の地平線の上に』というタイトルで、さまざまな事件に対する自分の評価を書く。それを三百四、五十枚でまとめようと思ったとき、そういう落書きができたので、私はこれで書けると思った。私の場合は、ほとんどいつもそうです。

書くことは一種の運動

近ごろよく料理するんですが、そのときの一種の感覚、タイミングの感覚などからも、これで何かを書けると感じることがある。ちがう表現から、文章を書く感覚をつかんでいく。

私は音楽については能力がなくて、小学校の唱歌も歌えるかどうかというほどですが、あるときオペラの歴史の本を買い集めて一所懸命勉強した。それは形式をおぼえるためでした。その結果、オペラの序曲には二種類あることがわかった。

一つは、長いオペラ全体を集約した要約としての序曲で、もう一つは、ここで始まるというきっかけだけをつくる序曲です。これはとても参考になりました。『日本の百年』という十巻ものをつくったときに、序曲と、あとのそれぞれの時代の記述を分けてしまう形でつくったらどうかと考えたのは、オペラからヒントを得ている。

このように、異なった表現様式がもう一つの表現様式にヒントを与えるのです。ここにたやすくは通れないところができてくる。それを通るときに何かシュッという感じがあって、ほんとうに手のなかに握れるほど小さく全体を要約することができるようになる。たしかにそれは最後は腕のリズムです。文章を書くことは一種の運動なんですから。

たとえば相撲取りが相撲を取っているときは、べつに考えたりせずにほとんど無心に取っている。にもかかわらず腕のなかに、ある仕方でこの相撲を取っていこうという方向感覚が生きている。

この方法が、ほかの人にもあてはまるかどうかはわかりません。しかし、まったく違ったことをしているときに、こっちのことが思い浮かぶという、ジャンルの転移は、おそらくだれにとってもあるんじゃないでしょうか。それは、ある程度一般的な心理学の法則じゃないかと思います。一所懸命そのことにかかっているときには、案外できないで、それを全部忘れて別のことをやっているときに思い浮かぶ。その感覚は言葉でいえるような感覚じゃない。こういうふうに相撲をとろう、と思っている方向感覚は、手のひらのなかにあり、自分の腕のなかにある一つの形です。そういうものが結局、文章をも前に動かすと思う。ですから、そういう形ができたときは、わりあいすらすらと行く。その形が決まって、紙切れがこれだけできると、まあ書けるだろうという気分になる。原稿を書くというのは腕の運動、腕力であると私は思っています。これが私の体験則、ルール・オブ・サムです。別の表現様式に投影する、それへの転移として思いつきが出てくることがある。手のひらのなかの勘というのは、そういうものだと思います。

それは、本全体のアイデアのつまみと言ってよい。そのつまみが、そのまま本の題になることはあまりないし、さっき申しあげたK・J法のカードをそのまま目次にすることもあまりないと思います。いくらか、他人に説得力をもつように変えるでしょう。つまみの場合は、自分だけを動かせばいいのですが。

本のタイトルと目次

次に、例題を通してお話ししましょう。

最初の文例は柳田国男の『明治大正史・世相篇』。書かれたのは一九三〇年。満州事変の前の年です。

明治大正史・世相篇

自序

第　一章　眼に映ずる世相

第　二章　食物の個人自由

第　三章　家と住心地

自分の立場を確定する

この本の『明治大正史・世相篇』というのは、隠すタイトルです。明治大正史について書いてあるな、という程度しかわからない。どういう方法で何を扱っているか、この本の特色はここからはわからない。この本を買わなくてはいけない、ということも題のなかに織り込んでない。平凡な服装をした一人の初老の人間がなんとなくそこにでてきたという、そういうたたずまいです。

構成を見ていきます。第一章の「眼に映ずる世相」。この「映ずる」というところに重要な力点がかかっている。映じ方によってとらえていくという方法、そのものは何であったか、そのものの本質は何か、は問わない。どのように映ったか、その映じ方によってとらえるという方法は、いまだかつて、人の試みなかった一つの歴史学の方法で、この第一章のタイトルのなかに、柳田国男の方法の独創性というものがあらわれている。じつに大胆な章なんです。

『明治大正史』という漠然とした顔の仮面をかぶってでてきているんだけれども、これによって歴史家としての自分の立場を確定する、独創性を確立するというたいへんな意気込みで書かれた本です。そういうこの本の流儀が、この第一章で確定する。

第二章、第三章が食と住。衣は第一章のなかに触れてありますので、衣・食・住が初めにでてくる。この衣・食・住というのは伝統的な扱い方で、これで明治大正がとらえられる。

近ごろになって柳田国男の弟子である神島二郎氏が、七〇年代の現代をとらえるためには、住が先で食・衣と逆転しなければいけない、それが、いまのわれわれの暮しに見合った考え方だ、といっている。だから、柳田国男が衣・食・住と書いたからその順序でとらえていかなければならないということは、いまはないけれども、とにかく柳田国男はそう書いた。

欠落のなかに眼目がある

その次が「風光推移」。日本の地理の全景がでてくる。「故郷異郷」もそうでしょう。「新交通と文化輸送者」はコミュニケーションの問題。ここまでは地理的で、文化地理的、思想地理的、人間地理的な角度がでている。このあと、幕間狂言を置く。第七章の「酒」がそうですね。酒という一点をとらえて、そこで時代の推移と時代の進歩にとり残された人たちの反応をとらえている。

次に、もう一度また大きな風景にでてきて、八、九章は男女のことから家を、十、十一章では経済を、十二章はとり残された人、脱落者のことを「貧と病」ということで考えて、十三、十四章で生きがいをつくる力、モラルの問題をだして、十五章の「生活改善の目標」で終わる。第一章で方法を規定したあと、いろんな仕方でその方法がいちばん簡単に成果をあげる領域から、迂回していって、明治・大正六十年を描ききる。

その積み上げの終わりになってはっきりすることは、ここで扱わなかったこと、欠落させたものこそが、柳田国男のこの目次をつくる眼目だったということです。つまり、柳田国男以外の人たちによって書かれた明治・大正史、同時代史とどこが違うかということに、意味がある。ほかの人たちの場合には、かならず明治国家の成立・国家制度の話から書いていく。

しかし柳田国男はそのようにはけっして書かなかった。その欠落のなかにこの本全体の眼目がある。明治元年から大正十五年までに起こったすべてのことを、もれなくとらえるような網の目をつくって全部埋めていくというのは、柳田国男の方法ではない。むしろ思うままに欠落をつくって、誰もが書くものを書かないことによって、新しい自分の方法を示し、書かなかった部分を批判したのです。

柳田国男には、明治維新の行なわれ方にたいして批判があった。薩長出身の侍が官僚となって、欧米の制度をそのまま輸入して押しつけることに対する批判です。日本に昔から住みついていて、自分で判断する力のある人々の意見が聞かれるような、それによく聞き入るような、よき官僚というものがあらわれなければいけない。そういうふうにして日本はつくられなければいけない、という考え方があって、東京以外の日本の各地にいる人たちが、どういうふうに世のなかを見、生きていたかということだけを書いた。

そのことが自然に明治維新に対する批判になり、明治以後の官僚制度、国家制度に対する批判の視点をつくりだしている。ですから、この本にはこのことが書かれていないじゃないかということが、じつは眼目になっているような本の構成です。

次の文例は高史明《コサミヨン》の『生きることの意味』。

はじめに

かけがえのない人生　自分の発見・他人の発見

朝鮮と日本のかかわり

わたしの記憶《きおく》のはじまり　沈黙《ちんもく》しつづける父　なぜ日本へやってきたか　強制的につれてこられた朝鮮人　うばわれた朝鮮語　さまざまな抵抗運動　わたしの人生のはじまり　どうしたら仲良く暮らしていけるか

父と兄に見守られて

耳の底に聞こえるかすかな音　きれぎれの記憶《きおく》　大やけど　新しい母親をむかえて　弟の死と継母《ままはは》の家出　自分で子どもを育てることに決めた父　ワシノ子ハ、コジキジャナイゾ　父の偏屈《へんくつ》とわが家《や》のきまり　どろぼうにはいられる

はじめての外の世界

入学式の出来事　一人歩きのはじまり　なぜ朝鮮人は貧乏なんだ　それでも通《かよ》った学校　父との衝突《しょうとつ》　先生からの手紙　おれが死んだらいいんだろ！

死のうとする父

ばくちをはじめる父　さびしいという気持　父が泣いている　映画の話　はじめての朝鮮行き　墓まいり　朝鮮にも国旗があるの？　アボジハ、モウ生キラレナインダ　生きていることの喜び

朝鮮人という意識へのめざめ

海の思い出　空想の世界へ　環境の変化のもたらしたこと　参観日に来てくれた父　ニンニクがどうしたっていうんだ　暴力《ぼうりょく》のなかみ

阪井《さかい》先生との出会い

太平洋戦争のはじまり　朝鮮人は勉強なんかしなくていい　少しは親のことも考えろ　燃《も》やされた教科書　ばらばらになったわが家《や》　遠くへ行ってしまった兄　悪い予感　とつぜん呼《よ》ばれたわたしの本名　おれだけ、のけ者にしやがって！　ほんとうのやさしさとは　すばらしい〝負け〟　わたしを心配してくれるただ一人の先生　おれは、どうしてこうなんだろう　阪井先生の死　どうしたら、ばかにされないですむか　ふたたび乱暴者《らんぼうもの》に

戦争と死の決意

高等小学校入学　本名を名のるたった一人の朝鮮人　ある晴れがましい光景　学徒動員で工場へ　脱走事件　日本が滅びるかもしれない　脱走事件の罰《ばつ》　飢《う》えた心　すべてを吸《す》いこむ穴《あな》　りっぱに死んでみせる

戦後の歩《あゆ》み

とつぜんやって来た敗戦の日　新しい歩《あゆ》みを求めて　戦後をむかえた父の姿勢《しせい》
生きることの不安の中で

むすび

繰り返しのリズム

この本は一九七四年に出版されたものです。タイトルは、相当に自信をもってまっすぐ出ているけれども、ことさら人をひっぱろうという題ではない。ある程度隠している感じはあると思う。

「はじめに」の「自分の発見・他人の発見」。ここは自分の発見が他人の発見、他人の発見が自分の発見になるということを言う。これが全体のリズムで、言いかえれば父と自分の関係、また日本のなかに住んでいる朝鮮人としての自分ですから、朝鮮と自分の関係、父おやが朝鮮人で、日本で育った朝鮮人としての自分、そういうふうな関係で自分の生きている根拠をたぐっていく。

この目次のなかに繰り返し「父」という言葉がでてくる。そして最後に敗戦を迎えるとき、自分もほかの日本人と同じような教育を受けたので、敗戦でなにか生きがいがなくなって、どういうふうに生きていいかわからなくなった。そのあとで自分をとり戻すときに、いままでわからなかった父おやが、どういうふうにして生きてきたかということがわかってくる、という話です。

その父おやは自分をつねにチョムサンと呼んできた。チョムサンというのはコサミョンの本名です。父おやは朝鮮語しか知らない。日本で労働者として生きてるんだが、仲間が朝鮮人だから朝鮮語でけっこう用は足りる。子供たちは日本で育っているから日本語ができる。日本の学校に行ったら日本名なんです。しかし、家に帰ってきたら、父おやは自分をチョムサンとしか呼ばない。

コサミョンは、日本が戦争で負けて、日本人と同じように絶望したあと、父おやのしたことの意味がわかってくる。いくらか知識のある朝鮮人が、日本名にかえようとしたときに、父おやは朝鮮語で自分を呼びつづけた。父おやは、朝鮮という国が日本に取られたということを全然認めようとしないし、知りもしない。そのことの頑固さが、自分のなかでよみがえってくる。

自分は日本人と同じように絶望していたけれども、父おやの生き方はそうではなかった。そのことが自分の目にある。それが自分の生きがいになっていくという話で、父おやがチョムサンと呼んできたことの意味が、あとになって自分のなかで力になっていく。ここには父おやというものの繰り返しがあって、それが最後に意味づけられることで、全体が高まって一つにまとまる。ひじょうにみごとな構成をもっています。

次の例は竹国友康の『リトル・トウキョウ物語』。一九七八年にでた本です。筆者は二十九歳でした。

第一章　合衆国のなかの「日本」

一　日系アメリカ人

二　日本人町「リトル・トウキョウ」

三　日本資本の進出

第二章　日本人移民の生活と労働（ある日系人の記録・一九〇〇年〜一九三〇年）
一　ハロルド・オノとの出会い
二　日本人移民
三　アメリカ渡航
四　「写真結婚」
五　「ブランケットボーイ」——農業労働者の生活
六　密入国者たち

第三章　日系人の社会主義運動（ある日系人の記録・一九三〇年代）
一　大不況と失業者の運動
二　「ホーボー」の旅
三　アメリカ共産党日本人部
四　「海の仕事」——対日地下工作

つみあげ

この本のタイトルは、むしろ現わすほうの題になっている。人の気を引くところがある。「リトル・トウキョウ」って何だという気がする。

これは日系移民の歴史を書いたものです。問題そのものが大きな対象で、材料はたくさんある。大きな対象を大きなまま書くというのはむつかしいので、大きな対象のなかの小さな局面をまず第一章で限定する。ロサンゼルスのなかの日本人町にあるリトル・トウキョウに、ホテル・ニューオータニが進出してくるので、再開発を余儀なくされる。そのため、昔からそこに住んでいる人の反発があって、反対運動が起こる。それを書くことから始まる。

第二章は、そこで出会ったハロルド・オノという二世の聞き書きです。抽象論ではなく、ハロルド・オノという生きた人間の直接の話が書きこまれている。ですから、この本は根本史料を含んでいるわけです。

そのあと、ハロルド・オノという人の言ったことの意味を引き出すために、第三章「日系人の社会主義運動」第四章「日米戦争と日系人」第五章「日系人社会の展望」と、大きなところに出ていく。

ハロルド・オノは二世ですが、第五章では三世のことに及んで、一世、二世、三世のあいだにおいて見ようとしている。そして、リトル・トウキョウに来ている日系人は、とくに三世は、全然ちがった方向を模索することで彼らなりのところに達し、そこから出発していることを述べている。

一世は、日本は強大な国でアメリカを打ち破ってくれるというふうに思って、日米戦争のなかで過ごした。だから勝組なんかがでてくる。日本の国家の力を実際以上に大きく見て、それに寄りかかって考えている。いつか自分は、アメリカで金をもうけて日本に帰るということを夢見ていた。

それに対して二世は、日米戦争のなかでアメリカに対する忠誠をはっきり実証しようとする。パイナップル部隊とかそういうのがでてきて、ことにイタリア戦線では勇敢に戦う。そのことで良きアメリカ人であることを立証して、二世グループから上院議員もだすし、知事も大学の学長もだすというようなことをやった。しかし、それでも自分たちに対する偏見は消えないということを感じ取る。そこから三世は出発する。

三世は、もはや一世のように日本の国力を過大評価して、それをアメリカにぶっつけて、いまに復讐をして仕返しをしてやるんだ、というふうに言うことはしない。二世のように忠良なアメリカ人になって、アメリカ政府の言うことを、アメリカの白人以上によく聞く人間になるというようなことも考えない。三世は、自分たちはアメリカのなかの非白人系の人間として差別されていて、一所懸命白人のまねをすることによってはなかなか自由には生きられない、自分たちの始源をもう一ぺんよく知ろうとする。そこでリトル・トウキョウみたいな町が必要なんです。

そこの空手道場へ行って空手を習う。柔道を習う。日本語を習う。日本のなかのさまざまの習慣について学習をする。そういうことから自分自身の背景を考える。生き方の自由さを身につけていく。隣りには中国人がいる。フィリッピン人がいる、メキシコ人がいる。そういう人たちと肩を並べて、白人の圧迫に対して物を言うという運動の姿勢がでてくる。そういうところにもってくるわけです。

ハロルド・オノは最初は共産党員だった。しかし、日本人が財産を取られることに対してアメリカ共産党は全然抗議してくれない、居住者を守ってくれない、そのときに見切りをつけて離れてしまう。ですから、ハロルド・オノの思想のなかには、いまの三世の考え方に近いものがでている。これが全体の意図です。

アメリカの日系アメリカ人三世にとってのナショナリズムは何かというと、もはや日本の国家、政府を後ろ楯にするものではないでしょう。文化的なもの、しかもそれはアジア諸民族と肩を並べてというふうな連帯感をもっています。そういうふうな運動の形は、日本のなかにある国粋主義の運動に対する批判と、それの再編成の行き方をもっている。

したがってこれは特別なリトル・トウキョウに局限された話ではなく、われわれのこの本土のなかの日本の文化運動に対して、とくにわれわれのもっている一種のナショナリズムの運動に対して、再編を迫るような呼びかけをもっていると思うんです。三世のナショナリズムは何かということを主題にして、そこに至る長い道筋をたどる。そこに本としての積み上げができています。

次は私の書いた『高野長英』の目次です。

一　水沢の人
二　留守家臣団
三　蘭学社中
四　西方の人
五　無人島

伝説がもっている活力

この本を書いた眼目は、牢屋に入れられてからあきらめないで、そこから逃げて、まる六年間日本のなかを逃げまわった知識人その人への興味です。そういう人は、私の知っているかぎり高野長英しかいない。

隠れて逃げまわっている人間は、証拠を残すことができない。だから長英についての話はすべて伝聞証拠で、伝説なんです。手堅い実証史学でいうと、いい史料がない、そこで私は、こういう伝説がここにあった、ここにいるこの人はこういうふうに話してくれた、という伝説の証拠だけを集めて組み立てたんです。

私にとっては、こういう伝説があるということが、たいへん重大なことのように思えたんです。彼は伝説をつくって歩き、伝説のなかに生き、明治以後も伝説のなかにいた。それが明治以後、明治政府が位階勲等を高野長英に与えることから、明治の枠のなかでの偉い人ということになって、ほめ者になる。教科書にもでたことがある。そのことによって伝説のもっている大きさと自由さが失われていく。明治以後の高野長英のよみがえりのなかに、幕末の伝説がもっていた活力が汲みあげられていないんじゃないか、そこに向かって書いてきた、そういう本です。

初めのところから、そういう方向へ向かって書こうと思ったので、第一章は水沢にあるさまざまの伝説を書きこみました。最初にあるのは、森口多里という民話の収集家が書いた『黄金の馬』という伝説です。水沢の西、駒ヶ岳の残雪が春先にとけてくると、それが駒の形に見える。それが農業にかかるときだというサインになる。その黄金の馬の伝説がはじめにある。伝説から始まって伝説で終わる話なので、本の色合いをきめるための章です。

さきほどのK・J法によるカードは、書き終わると捨ててしまうのですが『高野長英』についてだけは全部残してあります。なぜ残したかというと、そのうちこれはひっくり返されるかも知れないと考えたからです。江戸時代の文献ですし、新しい資料がでてきたりしてひっくり返される可能性がある。そのとき、自分が間違っていたら訂正しなくてはならないし、間違っていないと思ったら反論しなくてはならない。だから、自分の手続きを全部残してあります。

しかし、私の書いた紙切れは、そのまま並べたところで見出しにはなりません。それはまったく私的なもので、どういうふうにして私が私を動かしたかという過程ですから、人には通じない。自分に対してだけ働く、自分の心だけを動かすテコです。

高野長英については、三冊のノートを書きつぶしています。ところが妙なことに、その三冊に一つも、さきほど示したような落書きがない。ということは『高野長英』を書いたときには、手のひらの感覚が十分になかったのかもしれません。

目論見の成功と失敗

皆さんに書いていただいた目論見書を見ていくことにします。

独創的なタイトル

〈目論見書1〉――H・H（会社員）

老人とまんが（四百字二十五枚）

I　現代まんが文化産業

急成長するまんが文化産業　まんがはサラリーマンの必需品に　なぜまんがは

こんなにも売れるのか　共同体験としてのまんが　毒にも薬にもならないまんが

題がいいと思います。「老人とまんが」というだけで、組み合せに独創性がある。いままでだれもこのテーマを取り上げたことがないので、題だけできまっています。ジャーナリズムに向かって、タイトルに十分の刺激がある。現わすほうの成功例です。四百字二十五枚としてありますが、二十五枚ではちょっと惜しいような感じがします。これは、わりあいたくさんの人が読みますよ。

「Ⅱ　老人社会とその文化」の「高齢化社会は目の前に」「老人文化はない」というのは、現代日本の重大な問題です。江戸時代には老人文化はあった。そのため、江戸時代につくられた日本の文化を考えて、ヨーロッパ人、アメリカ人は日本に重大な老人文化があるように見ている。それは江戸時代の残像にすぎないけれども、アメリカ、ヨーロッパから見るとわからないのです。

現在の日本に老人文化がないというのは、おもしろい視点で、十分に論争的だし、いまの論壇に対するチャレンジになっています。とにかく読んでみて、賛成だとか反対だとかワイワイ言いたくなるようなテーマを出している。「老人に必要なのは心の薬　まんがこそ薬たり得る」。はたしてそうかというので、沸くことだろうと思います。

「Ⅲ　老人とまんが」の「老人こそまんがを生かせる読者」。このテーマで考えてみたいですね。私は十分にこれから刺激を受けたし、これと取り組んでみたいと思いました。「なぜ老人向けまんがはないのか　老人の心をつかめない　老齢まんが家の不在　カタワ文化としてのまんが」。これはどこまでいくかわからないが、重大な問題を出しています。

「Ⅳ　出でよ！　老人のためのまんが」は、ガンサーの定義によると、初めがおもしろいからいいので、終わりできめなくてもいいでしょう。

二十五枚ですから、雑誌の評論としてこの目論見は成功しています。しかし、どう書くかということを考えるとむつかしいでしょうね。

穏やかなタイトル

〈目論見書2〉——N・T

かたりべ仲間（四百字百枚）

一　外国人との出会い

ロシア人中国人との言葉なき出会いから

二　流行する英会話

外国夫人がソフトクリームを手にして

三　声変わり前の言語学習

うたと絵を描く活動にはじまり

四　外国語物語の体現活動

小道具衣装なし年齢差なし人数制限なし

五　国際交流

アメリカ、韓国での、日本でのホームステイ

六　学校外での仲間

合宿キャンプでできるファミリー意識

七　ピーターパンとトムソーヤ

クリスマスにロンドンを、初夏の陽光にミシシッピーをおもいながら

八　英語以外のことば

五か国語のどのドアーを最初に開けるか

〈講評〉

この題は穏やかで、穏やかなところがいい。内容はラボという言語教育運動の人間像ですが、ラボの物語としないで、「かたりべ仲間」という穏やかな名前で囲ったことで成功していると思います。

「一　外国人との出会い」は、「ロシア人中国人」としてありますからいいのですが、「二　流行する英会話」の「外国夫人」は、いかなる外国かが問題になるので、こういう使い方は避けたほうがいい。

「三」と「四」はおもしろい。ここはどういうふうに書かれるかというのが、興味の一つのかなめです。読みたくなる要素があり、読んでみなければわからないから、読んでみようということになります。

百枚の予定ですが、よくできていると思いました。

タイトルにみる紋切型

〈目論見書3〉――E・M（美容師）

シャンゼリゼの花〝ゲラン〟

1　ゲランをとりまく貴族たち

王室のために香りを

フランスと香水

2　エレガントな瓶クリスタル

インペリアル

古美術店でゲランの瓶を

3　ゲランの世界戦略

どうしてアフリカへ

日本上陸
4　ゲランと他の香水
ディオール
シャネル
その他
5　香りは生きている
日本人と香り
香りに早熟な世代
6　香りとくらし
未来の香り

〈講評〉

この題は気が利きすぎていて、いくらか紋切型を感じさせます。そこをちょっとずらしたところを、狙ったほうがいい。シャンゼリゼというのはあちこちで使われて、そのために一つの紋切型になっている。そこが問題です。
構成としては、結びに重さがあるし、ここまで駆け抜けているという感じがする。本として考えれば、この重層性、積み上げは利いています。

答案のような構成

〈目論見書4〉——M・U（デザイナー）
風俗としての衣服
一 風俗とは
二 衣服とは
三 風俗として歴史的に衣服をとらえる
1日本において
江戸時代
明治

大正
昭和
2西洋において
ギリシア
ローマ
中世
近世

四　現代流行の衣服を風俗からみる

〈講評〉

これは答案のような感じがします。答案と、論文・評論の目論見・見出しというものはちがうのです。どこがちがうかというと、評論には動いて走り抜けていく角度がなければならない。答案なら、正しい答えを先生が知っているのだから、採点する先生の心中を忖度して書けば、完全な答案、百点になりうる。評論はそうではない。先生はいないのです。

動いていくボールは、まん丸ではなくて、ある種のひずみをもっている。評論は、自分がある方向にむかって駆け抜けていくということですから、明らかにひずみがあっていい。こういうことは書く、こういうことは書かないという、そういうものであったほうがいい。

四　文章には二つの理想がある

はじめての文体の魅力

これまでに私が読んで、感心した文章をいくつか挙げて、なぜそういうものを挙げたかについてお話しします。

しゃべり言葉が生きている

初めは幸田文氏の「啐啄《そったく》」です。

三十何年も前の懐かしい想い出である。非常によい天気の日で、父と私は庭のまんなかに立って、どういうわけだったのか、二人とも仰向いて天を見ていた。

突然に父が云った。

「おまえ、ほら、男と女のあのこと知ってるだろ。」

「え？」

「どれだけ知ってるかい。」父は仰向いたなり笑っているようだった。

はっとした。羞《はず》かしさが胸に来たが、羞かしさに負けてうなだれてしまうような、優しいおとなしい子でない私だった。

「知らない！」

都合のいい常用語が世の中には沢山ある。「知らない」の通じる意味は広いのである。学校の先生は「知らない」は「知らない」だけにしか教えないけれど、こどもはいつかちゃんとそういう、こすいことばというものの威力を心得ている。私は明らかにごまかそうとしたのである。

「ばかを云え、そんなやつがあるもんか。鳥を見たって犬を見たって、どれでもしているじゃないか。第一おまえ、このあいだ菜の花の男と女を習ってたじゃないか！」

図星なのである。花の受精は理科で習った。しかしそれは動物、ことに人間の性欲とを一直線につなげることができるほどに覚《さ》めてはいなかった。鳥も犬もよく知っている。菜の花を無色とすれば犬は単彩である。それとても大部分は姿態の滑稽感が一等さきに眼を誘い、なにか異常感もかんじはするが、それがはっきり人間とは結びつかない。雄と雌、人外のことという考のほうが勝っていた。人間にもそれに似た特殊のことがあると、ちらちら小耳には挟むが、現今の住宅難による雑居のようなすさまじい世の中ではなかったから、眼からさとらされる恐ろしい経験はしていなかった。知っていると云えば、それだけでもすでに知っているのであり、知らないとはうそである。あの何気なく云いだしたことばはマッチであった。しゅっという発火のショックにちょっとたじろぎはしたが、光はあるかたちを私にはっきり見せた。啐啄《そったく》同時であったのだろう。「正直な気もちでしっかり見るんだ。これんばかりもうそや間違いがあっちゃいけない」と云い、「きょうからおまえに云いつけておく。おしゃべりがろくな仕事をしたためしはない。黙ってひとりそこいら中に気をつけて見ろ」と云われた。

私の家は小梅の花柳街に近く、玉の井の娼家も遠くなかった。縁日の夜などござをかかえた女の影を、路地によく見かける。したがって道にゴム製品の落ちているのは珍しくないし、その製造工場もあって、友だちの母親やねえさんで、その工女に通《かよ》っているものもあった。私もそれを分けて貰って遊んでいると、いきなり手頸《てくび》をひっぱたかれ、襟《えり》がみをつるされて湯殿へひったてられ、強制的に手を洗わされ、さて大目玉を食った。しっかり見なかったといって叱られたのであるが、およそ不可解だった。「わからなけりゃ叱られたことを忘れずにいろ」と云われたのだけはおぼえた。

わかりやすい文体

幸田文という人は、中年になるまで文章を書こうと思わなかった。しゃべり言葉の中で生きていた人です。自分が普通にしゃべる言葉が、文章の中に生かされている。そういう文体です。

次の文章は、森崎和江氏の『からゆきさん』から取りました。

わたしは、からゆきさんがこのような風土のなかで育ったことを心にとめておきたいのである。ここにはりくつぬきの、幅ひろい性愛がある。それは数人の異性との性愛を不純とみることのない、むしろ、性が人間としてのやさしさやあたたかさの源であることを、確認しあうような素朴なすがたがある。

それは同じ村の人びとのあいだのことだからこそ、手がたい生活の一面として、おおらかに、傷つきあうことすくなく、伝えられてきている。村の少女たちはこのなかではぐくまれた感情以外には、性についての感じ方、考え方をしらなかったろう。たとえば武士階層がつたえて、やがて中産階級が生活規範とした家父長的な性道徳や貞操観念は、かれらには無縁のものであったろう。

村から外へ出るときも、娘たちは娘宿ではぐくまれた感情を心にたたえた娘のままであったにちがいない。人間をやさしく抱擁するという感じかたを持つ子らは、人を疑う力にとぼしく、たのまれればふところへ抱きこむことを、生きることだと考えたことだろう。シベリアで日本の少女は子守りとしてたいそうよろこばれた。ロシアの幼女らがしたってはなれなかった。こんな記事をわたしは読みながら、子守りも女中も娼妓もひとしく奉公といい、それらの間にことさらの差別をしなかったふるさとを思った。これらの生活感情にさわっていないと、たとえば姉妹だけで娼楼を営んでいたり、ふるさとから娼楼へ、妹たちを呼びよせたりする娘たちの、その血汐は感じとれない。

私はずいぶん早くから森崎和江氏の投書をずっと見てきたが、初めはものすごく難解な言葉を書いていた。それは森崎氏がいっしょに住んでいた谷川雁氏の影響なんです。谷川氏がそういう文章を書くときには、自分でつくった文章なので、難解ではあるけれどもある種の迫力がある。けれども、森崎氏が谷川氏の文体にひきずられて書いた文章は、なんとも説得力のないものだった。その時代が数年つづいたと思います。その後、谷川氏が東京に出てきて、別に住むようになり、森崎氏は九州の炭坑町に住みつづけて聞き書きをずっと取った。そして『からゆきさん』の聞き書きが、彼女の文体を新しくしたのです。その文章は谷川雁氏の影響から抜け出て、いまのような文体になっていった。私は『からゆきさん』はひじょうにいい文章だと思います。それは、さまざまの人の聞き書きをくぐってきた上でできた文章です。

誠実な文体

その次は、蛭川幸茂という人の『落伍教師』です。

学校には組毎に出席簿が作られていて、毎時間欠席を調べて記入することになっていた。俺は人相を覚えるため、必ず名と顔を見比べた。人の名を覚えることに妙を得ていた俺は、半月もすると名簿はいらなくなった。そして毎時間、口から自然に出て来る名を器械的に呼びながら、顔をズーッと見渡した。

高等学校生は、サボル事に大変興味を持つ習性があった。そして、他人に返事を依頼することが盛に行われた。これを代返といった。名簿を見て読んでいると、この代返が分らないので、出席数と実在数が合わなくなる。これを気にして、何回も呼び直す神経質の教師もあった。俺は名簿など見ていないから、代返はすぐ分る。併し俺は、代返を見破るためにこんな事をしていたのではない。人相を観察することによって、各人の内にひそむ特質を知りたかったのである。従って、代返すればそれは出席と見なした。代返にも誠意を認めたのである。この様な態度は、ある一派の同僚には嫌われた。生徒におもねるというのだ。俺はおもねったのではない。出欠席といった小さな事を取上げて、問題とすることが嫌いだったのである。併し、俺がこれをつけないと、記録の整理上困ると思うので、欠席するつもりの者だけを欠席につけておいた。従って遅刻は記録せず、時間の終りまでに来た者には、欠席のしるしを消してやった。併し人は増長し易いものである。この特権を利用して、数学より前の時間の欠席を、ついでに消そうとする者も現れた。けじめは中々つけにくいものだ。尚、遅刻を記録しない俺が、名前を時間の初めに呼んだのには、理由があった。それは、毎時間口のまわりをよくする為のウォームアップを必要としたからである。

蛭川幸茂という人は、学生時代から陸上競技をずっとやっていて、松本高校の数学教師になってからも、陸上競技のコーチを続けていた。ですから、公開する文章なんて書いたことがない。戦後になって、松本高校がつぶされたときに、高校と心中して辞めてしまった。そのときになって、高校がつぶされるから高校というものについて書きたいと考えて、文章を書きはじめる。

それまで文章なんて書こうと思っていなかった人ですから、普通のしゃべり言葉で書いている。それが文体の中で生きています。「俺は」という言葉を使っているところがおもしろい。三十年ほど前に、日下部文夫という国語学者が、日本の哲学者はいかん、日本の哲学者が、「おれとはいったい何か」と書きはじめれば認めると言ったので、私は感心したことがあります。私はなかなか「おれ」とは書けません。

こういうふうに、ふだんは文章を書いていない人が文章を書くときに、かえってほんとうに誠実な文体のできる場合があります。

ここには挙げませんが、増田小夜さんの『芸者』も、そういう意味で記念すべき本です。この本については、私は何回か書いています。この人は字をよく知らなかった。本を書いているなかで文章をおぼえて、どんどん書いていったのです。そういう文章には迫力がある。たいへんな名文です。蛭川氏にもそれと似たところがあります。

幸田文と森崎和江と蛭川幸茂の三氏を挙げたのは、そういうはじめての文体のもっている誠実さと、わかりやすさの範例としてです。これらは、何年か物を書いてきたものにとっても模範とすべき文章です。緊迫力があります。

適度な簡潔さが基準

私の文章を二つ挙げます。初めのは「もうろく、その他」という題で書きました。

演説は苦手だ。演説そのものが悪いというのではないが、わたしには、むずかしい。

大学につとめているあいだは、大学そのものがふくれあがってしまっていて、そこでしている講義というものが演説なので、大学の外から同じことをたのまれると、それをことわるわけにはゆかぬように感じてきた。しかし、大学をやめたので、その後は、演説と講演はしないという流儀でくらしはじめて、らくになった。

演説がいやだと感じるのは、話をしている相手の気持ちを感じとって、無言のまま対してゆく力がわたしにかけているためだろうと思う。数千人の人を相手に一方的に話をしていて、しかも対話しているという状況をつくりだせる人の演説ならば、わたしは、自分でも、ききにゆきたい。だが、わたしにその力がないことが、戦後の二十六年間でよくわかった。

レコードをかけているように自分の話をかけて、一方的に相手にきかせる人がいる。明治以後の日本の社会は、天皇制の位階序列でえらさの順がきまっていたので、片方がレコードとなって相手にきかせるというのが、難なくできるようなしくみになっていた。戦後も、そのしくみはうけつがれていて、演壇の上にたつことが多くなるにつれて、その人の話は、レコードに似てくる。ある位置以上にあがった老人がひとところにあつまると、いくつものプレーヤーで古レコードを同時にまわしているような情景になる。そんな時、誰かが神経痛とか血圧とか、自分の病気の話をすると、いっせいに古レコードがとまり、その時だけ、ひとつの対話の焦点ができる。古レコードのように見えて、実は、いくらかはきいていたのだ。
自分が古レコード化する道からそれる方法はないものか。それが、この十年ほど、いつもわたしの頭のなかにある問題だ。

もうろくは、さけられない。しかし、もうろくの仕方について、いくらかの選択の自由があると信じている。

相手の話をきく能力をたもてる間は、それほど、もうろくしていないと言えるだろう。そのためには、相手の話をきくことが自分が生きてゆくうえに必要だという条件に自分をおいているのがいい。だが、それだけではなく、相手の話をきこうという姿勢が自分のなかになくては——。

ここまでくると、話は、もうろく以前のことにかかわる。

人の話をきく能力は、若い人ならかならずあるというものでもない。

「……をのりこえる」という言いまわしをよくきく。これは近ごろできた言いまわしではなく、戦前からよくきくものだが、日本の近代文化の構造に由来するのではないか。「追いつけ、追いこせ」という日本の国家が欧米諸国にたいしてとった態度のミニチュアであると思う。

「茂吉をのりこえる」、「朔太郎をのりこえる」、その他いろいろのりこえるものがあるが、そういう目標のたてかたに、何か欠けるところがあるような気がする。伊藤博文・山県有朋のように軽輩から身をおこして馬上天下をとり、ピラミッドのうえにすわる——この理想が、思想の領域・文化の領域にまではいりこんで、若い時からのもうろくをすすめている。

思想は、武闘に似た局面をもっているけれども、思想形成の場面は武闘だけではつくれないものだとわたしは思う。

わりにうまく書けた場合

これは、自分が書いた文章のうちでは、わりあいにうまく書けたと思っています。なんとなくうまくいった、自分の立場を過不足なく、あまり曲げないでだせたという感じです。これは人生に対する感覚であり、私の政治思想でもある。しかし、この程度のものが書けるのは、自分の実感からいうと百に一つです。だいたい九十九はだめだと思っています。

次に挙げるのは、本の帯です。横山隆一の『百馬鹿』が奇想天外社から豪華本として出版されて、私のところに送られてきた。その帯の文章が、どこかで見た文章だなと思ってしらべてみたら、私の文章からとったものだった。

自分はいかなる馬鹿であるか、
自分はいかなる馬鹿になるか、
いかなる馬鹿として自分を見るかが、
多様な人生観のわかれめとなる。

これは本の帯として、きいていると思います。自分にもこんな文章が書けたかと思って、とてもうれしかった。しかし、いつもこのレベルのものが書けるわけではありません。これは例外的です。推薦文はいままでいくつも書きましたが、ピタッときまっているのはこれ一つぐらいです。

「もうろく、その他」も、いままで三十三年公けのものに出してきて、これ一つというものです。そんな程度でしかありません。

沈黙と見合う文章

文章の理想は二つに分かれるように私には思えます。

はじめのはなしのときに、竹内好の「屈辱の事件」という文章を引きました。竹内好の文章訓練法のひとつは、漢文の訳は日本語に直すときには一・五倍以上であってはならないということです。こういうルールを守ろうとすると、ものすごい苦しみなんだそうです。竹内さんが亡くなってからも、竹内さんの弟子たちは竹内さんの規則を守って訳をやっているそうです。

竹内さんは漢文教育に反対した人なんです。漢文教育は必要ない。なぜ反対かというと、漢文のように読むことは、日本語で別の意味にしているにもかかわらず、もとの漢文の意味をそのまま読んでいるという錯覚をもたせる。中国人の心と日本人の心とは、これほど離れているのに同じであるかのような錯覚をもたせるからいけない、という判断なんです。

だけども、一・五倍という原則を守っていけば、翻訳はできるようになるというのが竹内さんの考え方であるようで、それは漢文教育に反対しながら、漢文の精神をいまの日本語の文章のなかにうけついでいる一つの流儀だと思います。

漢文の特色はその簡潔さにある。竹内さんがよく引いた言葉に「疑疑亦信也」というのがあります。これは『荀子』にある言葉で、竹内さんは、これを漢文読みにするのはいけないといわれるんだが、私は中国語ができないので漢文流に読みますと、「疑いを疑うもまた信なり」となる。たとえば社会主義なんていうのは古い、高度成長でやっていかなきゃいけないというと、そうかなあという疑いが生じる。その疑いをまた疑うという疑い方があるでしょう。そういうのは思想じゃないとか、信念じゃないとかいうけれども、それもまた信念なんだ、疑いを疑う、そこに立ちどまるのもまた、一つの行き方だ。それは時代時代に、いろんな大きな説を繰り返し唱えますかられ。それに対する疑いをもつ。その疑いをまた疑う。そこに思想の一つの形がある。

それも一つの思想の形なんだというのが、私の解釈なんです。

これと対になっているのは「黙して当たるもまた信なり」。何も言わないで黙って事に当たるのもまた一つの信念だという。これは簡潔だけれども一つの思想をあらわしていますね。

私が『論語』のなかで好きなのは「過を観《み》てすなわち仁を知る」。人が過ちをするでしょう。失敗がある。そのときに、その切り口のなかからその人の志が見える。その人は、何かいいことをしようと思ってやったけれども失敗した。だいたいの人間の行為は失敗なんだ。だけど、その失敗の切り口のところをじっと見ていれば、何かこういうことをしようと思ってやったんだという他人の気持が見えてくる。そういうふうでありたいということなんですが、いまの私のように翻訳すればそれは一・五倍以上だから、竹内流にいえば落第ですね。

この漢文流というのは奈良時代以来千年にわたって、日本の文体のなかにあるので、漢文をやめるとしても、この簡潔さはなんとかして手放したくない。なぜかというと、簡潔な物言いは黙っていることと見合うからなんです。

あまりたくさん文章を書き、本を書いていると、こんなことをやっていていいのかしらと思う。それは私の実感です。そこで、言葉を惜しんで書く。ある沈黙の状態を、自分のなかではっきりつくるために書くことにする。そうすると沈黙も文章を書くのも、ほとんど同じ重さになってつり合いがとれる。竹内さんの文章は沈黙と同じ重さをもっています。

暮らしと見合う文章

それは文章の理想の一つですが、それだけではない。もう一つあります。それは暮らしがだらしなく、毎日いろんなことをやりながら雑然と動いている、それが自然に反映するような文章もなかなかいいと思う。

沈黙と見合う文章でなくて、暮らしと見合う文章というか、暮らしのなかに溶けこんで、どこまでが暮らしなのか、どこまでが言葉なのかわからないような文章があるでしょう。小田実の文章がそうだと思います。あれは一種の名文だと思う。ペラペラ漫才みたいにしゃべりつづけるわけです。これはあれだけ精力的にやるエネルギーがあって、暮らしと一枚になっている。あれは一つの流儀ですね。

だから、文章には二つの理想がある。

疑いを疑うもまた信なりで、何度も何度も疑っていくと、不器用になる。だから、リズムにたやすく身をまかせない、リズムを破り、破調にとどまる。それが必要な場合もある。私がよく引く本で、ウイリアム・ストランクという人が書いた『文体の要素』という本があります。この要点を一口でいえば不必要な言葉は削れ、ということです。これは竹内さんの理想とも同じですね。

不必要な言葉を全部削ったらそれでいいのかという問題なんですが、その規則を堅く守れば、リズムも失われて、生きることもできなくなる。やはりそうではなくて、そこで動く文体にとっては簡潔さがいいからといっても、適度の簡潔さというところがある。適度の簡潔さというのがわれわれの基準になるだろう。適度の簡潔さというのは、沈黙と見合う文章、暮らしに溶けていく文章、この二つの理想の前に立つものです。

解説　火の用心——文章の心得について

加藤典洋

1

総じて私はずいぶんと鶴見俊輔さんの本に助けられてきた。もう少しいうと、「救われてきた」のだが、文章について書かれたこの本も、そんなふうに私を救ってくれた本のなかの一冊である。

三十代もなかばになって、はじめて大学で教えることになったのだが、大学にいったら、学生に文章を書かせるという授業が一つ用意してあった。講義名を言語表現法という。ついぞ聞いたことのない授業名なので、何ですかこれは、何を教えればいいんですか、と尋ねたところ、それを準備した多田道太郎さんが、あんたのために作ったんや、自分で考えて、と答えた。一九八五年くらいのことである。

一九七六年に、京都で現代風俗研究会というグループが作られている。風俗という時代と社会の表層に浮かぶ現れを面白がり、現代風俗を広くゆったりと考えてみようという人々の集まりで、桑原武夫、多田道太郎、鶴見俊輔、橋本峰雄といった風変わりな学者と、京都を中心に、関西、中京圏一円の好奇心旺盛な町の人々を中心に発足した。その背景には、明治・大正以来の歴史を「風俗」と「世相」でとらえようとした民俗学者柳田国男の試みと、中里介山の『大菩薩峠』に代表される縄文文化まで届く非純文学的なもの、非近代的なものへの関心、そして、それまでのフランス革命や明治維新の研究など、京大人文研が行ってきた自由で闊達な専門領域横断的な研究の蓄積があった。

一九七九年、そこに集まってきた人々を中心に生徒を募り、この研究会を発想した右の学者たちが先生となって、一人三回くらいずつ、美容院の一室を教室に、生徒に文章をどう書くかについて教えるという企画が実行された。この本は、このときの鶴見さんの三回の授業の記録をもとに作られている。先生と生徒のあいだに、どこか、不思議な気持ちの重なりが感じられるのは、そのためである。

特に学者ともいえない私のためにそういう授業を発想してくださったときの多田さんの頭に、ご自分も参加したこのときの経験があったのだとすると、二、三年の試行錯誤のあと、結局私が、学生に文章を書かせ、それを自分で読み、添削し、ときに自分のよいと思う文章を学生に読ませるだけで授業を作ろうと思い切ることになったのは、一種の先祖返りで、自然のなりゆきだったかもしれない。

そういう踏ん切りをつけるきっかけになったのが、この本である。

私が、最終的に、自分の授業も文章教室でいいと思えるようになったのは、鶴見さんがこの本で、文章を書くということを、広く考えていたからである。鶴見さんは一時若くして外国に一人で過ごしたことがあり、日本語で書くことに苦手意識をもっていた。そしてそのことを自分の文章の経験の出発点においていた。まえがきに、子供のころから作ってきたという書き抜き帖の話が出てくる。その後、おつきあいが生じてから、いちど見せていただいたことがあるが、それは文房具店で売っている、中学生が使っているような、ごくふつうの並製ノートだった。「日本の名文家のように日本語を書こうという理想にしばられなくなった」、「人間の持っている様々な表現手段を、つぎはぎしていろいろに使って、自分の言いたいことを言おうというところに気分が落ち着いた」。文章を書くということの軸足が、文章を書くことの外側にはみ出ている。そのぐらぐらした足場に立っている感じ、よろけた感じからくる元気が、私の背中を押したのである。

この本で鶴見さんは、文章をどう書けばよいのか、という問いには立っていない。聞こえてくるのは、私はこんなふうに文章を書いてきました、という物語のなかの登場人物ふうの声である。その声がまたときどき、私は、こんなふうに生きてきました、とも聞こえてくる。

何年か前に、車で国有林らしい山林の中に伸びる道を上がっていったことがある。かなり辺鄙なところまで来てしまったなと思ったら、もう五十年くらい前のものと思われる看板が立っていて、「火の用心」と書いてあった。文字は古び、緋色にかすれている。あっと思ったのは、それまでに道ばたに何度か見てきた近年のものらしい、それよりも新しい看板には、「火気注意」とあったからである。

「用心」と「注意」という言葉は、だいぶ違う。用心というのは、心を用いることで、注意というのは、意識を向けて、気をつけることだ。

何だ、同じじゃないかと思うかもしれないが、やはり違う。それは、提灯で照らすことと、懐中電灯で照らすことのように違うのである。

提灯は、四方八方を照らす。懐中電灯は、前方だけ照らす。用心というのは、ほかのことにも心を向けながらあることに気をつけることで、もう少しいうと、心を色んなものに用いる仕方で、あることと対する。すると、余計なものが目に入ってくるだろう。そこに見えてくるのは、白から黒まで、その大部分が灰色からなる明度の幅で、「どっちつかず」のものが多くなる。そこが、一つのものを念頭に、それが、「あるか」「ないか」と白と黒とで見ていくことになりやすい注意と、違うのである。

むかし世の人々は「火の用心」といって拍子木を叩いて町を歩いたが、そのように、鶴見さんのこの本は、文章を書くことへの夜道を、提灯を下げて歩いている。それは、文章を書くことを照らしているが、その光は四方にぼおっと光っていて、そこにさまざまなエピソードが浮き沈みしている。そこでは、文章を書くことは、うーんと考え込む時間を含んでいる。文章を書くことが、文章を書いていない時間とつながっている。

いま私たちは、「火気注意」といいあう。明確な応答を必要とする。ぼんやりした光と、鋭い光。どちらにも長所はある。でも私は、この提灯式のぼんやりした光に救われたのである。

それまで私は、自分で文章の書き方を教えなければならなくなって、さまざまな文章教室めいた本、文章読本めいた本を読んでみていた。また自分でも文章読本のイデオロギーなど難しいことを考え、授業でも話してみた。でも、一年、二年やるうちにダメだということがわかった（学生が寝たので）。教え、教えられるという関係が、文章を書くという経験の幅を、狭く切り取っていると思った。それでどうにも、話していると、元気がなくなった。また、文章をどう書くかという具体的な話に入っていくと、技法的な話になる。これが文章を書くということの初心から切り離される感じで、貧しい気がした。

鶴見さんのこの本では、文章のことが書いてあり、文章の指導もされているのだが、それが色んなふうに読める。また色んなことが書いてある。また、よく注意してみていると、色んなことが、少ししかいわれていない。深追いされていない。

そういう仕方で、穴がぽつりぽつりとあいている自由さのうちに、文章のことと考えることと生きることがひとつながりで話せるのなら、教師の素人としてやってみる元気がでるし、またこれまで何もしてこなかった素人の学生たちにも、ちょっと書いてみようかな、くらいの元気が出てくるのではないか。

用心は必要だ。でも注意はいらない、むしろ不注意くらいがいい。塗り残しが多くあること。双方にとって、目新しいことをやれば、元気がでると、そのときは、そういうことばではなかったけれども、考えることにした。

教える方もよろけているくらい。それくらいがよいのだ。そのほうが、教えられる方は元気が出る。すき間のある本が、読んでみたら、ちょっと自分も書いてみたくなる、よい文章の本なのだと、この本のもつ鼓動のようなものから、その間合いを教えられたのである。

2

この本に引かれている文例には二つの種類がある。一つは、自分がよいと思う文章、ないし自分のばあい、もう一つが、生徒の人たちが書いた文章である。

今回、十数年ぶりくらいに読んで、自分の見方がこの間、以前と変わってきていることにも気づかされた。三回で文章のことを話そうと思ったとき、鶴見さんは何を話すことにしたのか。そんなことに目が向かったが、以前は、そういうようには考えなかった。

鶴見さんは、ここで生徒の人たちに三つの文章を書かせている。まず、「書評」、つぎに「自分の見聞」に発することがら、最後が、ある程度長い文章を書くばあいの目論見書としての「タイトルと目次」である。

一つ目の書評では、目的のはっきりした文章を書くとき、気をつけなければならないことを話している。そこで必要なのは、平明に、簡単に書くことである。それがはっきり、ということにつながる。「ゆっくり歩く」。それよりは「歩く」のほうが平明。簡単で、はっきりしている。そこで避けなければならないのは、紋切り型だという。型を意識せよ。例として文献目録が取りあげられるが、書評の目的もこれに近い。「其の書の特質を標出すること」。「その本はどういう本か。その特徴をパッととらえる。数行でとらえる」とあって、自分がけなされたときのこと、それに納得したしだいが語られている。

そこに脱獄逃走中の高野長英が四国の宇和島でかくまわれ、藩主の蔵書である洋書をことごとく読んで、これがどういう本かを短冊に記す仕事をした、という話が出てくる。書評の神髄は、その短冊の数行にある、という。その話が、長英の生き方としてドン、と私の背中を押す。

文献解題と脱獄と人生の短さを、提灯が同時に照らして、そう、生徒を鼓舞する。物語がこの本の深いところを流れているのだ。

二つ目は、自分の見たこと、聞いたことについて。そこでは、「いわないこと」、

「いえないこと」も大事だ、ということがいわれている。なぜ、私の課題が、いちばん悲しかったこと、いやだったこと、うれしかったことではないのか。

たとえば、私は自分がいちばんいやだったことは覚えています。しかし、言いたくないし、書きたくもない。(「絵の具になる体験」)

自分にとって大事なことは、ことばにならないものだ、いわないほうがいい、するといわれないことは「体験を解釈する一種のカギ」になって、その人の意味の根源のようなもの、原体験に育つだろう。

文章を書かせる教室で、書かれないこと、いわれないことも、大事だ、というようなことが書かれているケースはあまり見かけないが、こういうことがいわれると、私なんかは、ほっとする。みなさんはどうだろう。

どう書くか、どのように説得力あるように書くか、ということを一生懸命に教える人が往々にして忘れているのは、書かなくとも人は生きていけるということである。

書くことは大事だ、でもそんなには意味はない。そういってもらったほうがありがたい。そういう中途半端な場所に一人置かれて、はじめて書くことは、ふらふら立ち上がり、よちよちと、歩きだすのだという気がする。

　三つ目には、目論見書というものが取りあげられている。そのことを私は今回、何度目かで読むまで、忘れていた。私の大学での生活も終わりかかっているので、もう機会はないだろうが、これもぜひやってみるべきだったかなといま思う。ここにあるのは、ほんとうは、失敗の妙味だからだ。私の経験からいえば、文章を書く前にプランを作って、それがその通りに進んだとしたら、予想外の展開が生じなかったということだから、それは失敗である。といって、そのプランが人を執筆に駆り立てる力を持たなければ、そもそも目論見書として失格なので、それも失敗だということになる。だから、目論見書の力とは、人を執筆に駆り立て、しかも執筆によって今度は自分が追い越されることなのだ。そういうことは、この本には書かれていない（深追いはしないので）。ただ、人を執筆に駆り立てるのがどういう「力」であるのかが、串刺しにされた団子の「落書き」によって、鶴見さんの手で、示されている。また、生徒たちの書いてくる目次とタイトルに、どのように「駆り立てる力」があるか、ないかが評されている。

自分の中の紋切り型とぶつかること、自分の体験の底にあるものに気づくこと、失敗に向かって駆りたてられること。

書くことのはじまりの面白さが、三つの形で示されていた。

3

それらのことが、生徒の人たちの書く合計一四の文と目論見についていわれているのだが、私はそこに、えも言われないものを感じる。これもかつては思わなかったことである。崖がある。下から生徒たちが上ってくる。上から鶴見さんが手をさしのべる。下から伸ばされる生徒たちの手と、上からさしのべられる鶴見さんの手は、でも、つながっていない。まだ三十センチくらいの差がある。でも、そこで鶴見さんのコメントは、終わっている。

私は、大学で授業をしていて、いつもそのへだたり、落差ということを考えないではいられなかった。もっと努力して這い上がってきなさい、と相手を叱咤すべきなのか、自分がもっと下まで降りていって手を摑み、引き揚げるべきなのか。なにごとかをいう。それが相手に通じていないと思われるときに、どこまでわかりやすくいえばいいのか。そのことに思いまどったのである。

そういうところで、鶴見さんは、何もいわない。そしてその距離をじっと見ている。それから目を離し、次の人に行く。

その空白の見放し方、見切り方に、私は元気を受けとる。

この本には、そういう仕方で、見切る者にも、見切られる者にも、勇気を与えるものがあるのではないだろうか。

私は一九八〇年代半ばから九五年の休刊にいたるあいだ、『思想の科学』の編集委員として鶴見さんとおつきあいさせていただいた。その間、書き手として個人的に、鶴見さんにこれを読め、そしてこれについて書け、といわれた本が二冊ある。一つは中村きい子の『女と刀』、もう一つは、仁木靖武の『戦塵』である。ともにそれほど名高いものではない。特に後者は私家版の戦記。なぜということはいわれなかったし、聞かなかった。この二つの本は、読んで書くのが大変だった。ごろごろと石だらけの土地を開墾し、耕作地に変えて、それから種を播き、収穫するような難儀さがあった。

これが私の場合の崖上りだった。

究極的にいい文章というのは、重大な問題を抱えてあがいているというか、そのあがきをよく伝えているのが、いい文章なのではないかと思います。きれいに割り切れているというものは、かならずしもいい文章ではないのです。(「あがきを伝える文章」)

動いていくボールは、まん丸ではなくて、ある種のひずみをもっている。評論は、(答案と違い——引用者)自分がある方向にむかって駆け抜けていくということですから、明らかにひずみがあっていい。こういうことは書く、こういうことは書かないという、そういうものであったほうがよい。(「答案のような構成」)

私がこの本から受けとるのは、この人が文章について語るときこの人の顔に浮かんでいる笑いのようなものである。それは暖かい。何もいわない厳しさがあるが、柔和だ。文章の心得は、「火の用心」と似ている。ふくらみのある一言や、二言で、人は当分、元気にやっていけるものなのである。

本書は一九八〇年四月に潮出版社から刊行され、一九八五年四月、潮文庫に収録された。今回の文庫化にあたり潮文庫版を底本とし、若干の訂正、削除を行った。

英文対訳 日本国憲法　花村太郎

英語といっしょに読めばよくわかる！「日本国憲法」のほか、「大日本帝国憲法」「教育基本法」全文を対訳形式で収録。自分で理解するための一冊。

知的トレーニングの技術〔完全独習版〕　花村太郎

お仕着せの方法論をマネするだけでは、真の知的創造にはつながらない。偉大な先達が実践した手法から実用的な表現術まで盛り込んだ伝説のテキスト。

思考のための文章読本　花村太郎

本物の思考法は偉大なる先哲に学べ！ 先人たちの思考を10の形態に分類し、それらが生成・展開していく過程を鮮やかに切り出す、画期的な試み。

「不思議の国のアリス」を英語で読む　別宮貞徳

このけたはずれにおもしろい、奇抜な名作を、いっしょに英語で読んでみませんか――『アリス』の世界を原文で味わうための、またとない道案内。

さらば学校英語 実践翻訳の技術　別宮貞徳

英文の意味を的確に理解し、センスのいい日本語に翻訳するコツは？ 日本人が陥る誤訳の罠は？ 達人ベック先生が技の真髄を伝授する実践講座。

裏返し文章講座　別宮貞徳

翻訳批評で名高いベック先生ならではの文章読本。翻訳文を素材に、ヘンな文章、意味不明の言い回しを一刀両断、明晰な文章を書くコツを伝授する。

ステップアップ翻訳講座　別宮貞徳

欠陥翻訳撲滅の闘士・ベック先生が、意味不明の訳を斬る！ なぜダメなのか懇切に説明、初級から上級まで、課題文を通してポイントをレクチャーする。

漢文入門　前野直彬

漢文読解のポイントは「訓読」にあり！ その方法はいかにして確立されたか、歴史も踏まえつつ漢文を読むための基礎知識を伝授。　（齋藤希史）

精講漢文　前野直彬

往年の名参考書が文庫に！ 文法の基礎だけでなく、中国の歴史・思想や日本の漢文学をも解説。漢字文化の多様な知識が身につく名著。　（堀川貴司）

わたしの外国語学習法　ロンブ・カトー　米原万里訳

16ヵ国語を独学で身につけた著者が明かす語学学習の秘訣。特殊な才能がなくても外国語は必ず習得できる！という楽天主義に感染させてくれる。

言海　大槻文彦

統率された精確な語釈、味わい深い用例、明治の刊行以来昭和まで最もポピュラーで多くの作家に愛された辞書『言海』が文庫で。（武藤康史）

名指導書で読む　筑摩書房　なつかしの高校国語　筑摩書房編集部編

名だたる文学者による編纂・解説で長らく学校現場で愛された幻の国語教材。教室で親しんだ名作と、珠玉の論考からなる傑作選が遂に復活！

柳田国男を読む　赤坂憲雄

稲作・常民・祖霊のいわゆる「柳田民俗学」の向こう側にこそ、その思想の豊かさと可能性があった。テクストを徹底的に読み込んだ、柳田論の決定版。

夜這いの民俗学・夜這いの性愛論　赤松啓介

筆おろし、若衆入り、水揚げ……。古来、日本人は性に対し大らかだった。在野の学者が集めた、柳田が切り捨てた性民俗の実像。（上野千鶴子）

差別の民俗学　赤松啓介

人間存在の病巣〈差別〉。実地調査を通して、その実態・深層構造を詳らかにし、根源的解消を企図した赤松民俗学のひとつの到達点。（赤坂憲雄）

非常民の民俗文化　赤松啓介

柳田民俗学による「常民」概念を逆説的な梃子として、「非常民」こそが人間であることを宣言した、赤松民俗学最高の到達点。（阿部謹也）

日本の昔話（上）　稲田浩二編

神々が人界をめぐり鶴女房が飛来する語りの世界。はるかな時をこえて育まれた各地の昔話の集大成。上巻は「桃太郎」などのむかしがたり103話を収録。

日本の昔話（下）　稲田浩二編

ほんの少し前まで、昔話は幼な子が人生の最初に楽しむ文芸だった。下巻には「かちかち山」など動物昔話29話、笑い話123話、形式話7話を収録。

ちくま学芸文庫

文章心得帖《ぶんしょうこころえちょう》

二〇一三年十一月十日　第一刷発行
二〇一八年　十　月十日　第三刷発行

著　者　鶴見俊輔（つるみ・しゅんすけ）

発行者　喜入冬子
発行所　株式会社　筑摩書房
東京都台東区蔵前二―五―三　〒一一一―八七五五
電話番号　〇三―五六八七―二六〇一（代表）
装幀者　安野光雅
印刷所　星野精版印刷株式会社
製本所　株式会社積信堂

ISBN978-4-480-09580-0 C0195